»off«-Texte 6

Schriftenreihe des Filmmuseums im Münchner Stadtmuseum
Herausgegeben von Robert Fischer-Ettel und Jan-Christopher Horak

SCHÖNBERG / BLONDA / HUILLET / STRAUB

Von heute auf morgen

OPER / MUSIK / FILM

Drehbuch und Materialien

zum Film von
Danièle Huillet & Jean-Marie Straub
und zur Oper von
Arnold & Gertrud Schönberg

Herausgegeben von

Klaus Volkmer, Klaus Kalchschmid
und Patrick Primavesi

VORWERK 8

Eine Coproduktion des Filmmuseums München
mit dem Verlag Vorwerk 8 Berlin

mit Unterstützung des Stadtmuseums München
des Kommunalen Kinos Metropolis Hamburg
des Deutschen Filmmuseums Frankfurt
der Stiftung Deutsche Kinemathek Berlin
der Freunde der Deutschen Kinemathek Berlin
und des Deutschen Historischen Museums (Zeughauskino) Berlin

Dank an

Danièle Huillet & Jean-Marie Straub
für die Zustimmung zum Abdruck des Drehbuchs
und für ihre Freundlichkeit und Freundschaft

Schott Musik International Mainz
für die Genehmigung zum Abdruck der Notenbeispiele

Lawrence Schoenberg (Arnold Schoenberg Institute) Los Angeles
für die Bereitstellung von Text- und Bildmaterial

Die Deutsche Bibliothek – CIP-Einheitsaufnahme

Von heute auf morgen: Oper – Musik – Film; Drehbuch und Materialien zum Film
von Danièle Huillet & Jean-Marie Straub und zur Oper von Arnold & Gertrud
Schönberg / hrsg. von Klaus Volkmer . . . – Berlin: Vorwerk 8, 1997

(»off«-Texte; 6)
ISBN 3-930916-16-9

© 1997 Verlag Vorwerk 8 Berlin
Umschlagentwurf und Layout:
Michael Roggemann (osthafen-DESIGN) Berlin
Druck: Medialis Berlin
ISBN 3-930916-16-9

Inhalt

Gertrud & Arnold Schönberg

ARNOLD SCHÖNBERG

Einführung

in seine heitere Oper *Von heute auf morgen*
anläßlich der von ihm geleiteten Aufführung in der Funkstunde Berlin

Die wenigsten Menschen machen sich eine Vorstellung davon, wie das in
Wirklichkeit aussehen würde, was in Schlagwortform in aller Munde ist. Es
geht ihnen wie dem österreichischen Ersatzreservisten, von dem eine Anek-
dote zu Beginn des Krieges folgendes erzählte: Begeistert vom Schreibtisch
zur Kriegsdienstleistung herbeigeeilt, gerät er mit seiner Abteilung an einen
Wald, aus dem in den Bäumen nistende Russen feuerten. Entsetzt brüllt er sie
an: »Ja, was ist denn das? Was fällt ihnen denn ein zu schießen? Sehen sie
nicht, daß da Leute gehen? Da kann ja das größte Unglück geschehen.« Er
hatte sich den Krieg so vorgestellt, wie eine feldmäßige Übung verläuft! Er
war begeistert, weil er von der Wirklichkeit keine Vorstellung hatte! Wieviel
Böses bliebe ungeschehen im Leben, in der Politik, in der Kunst, in allen
privaten Dingen, besäße jeder eine Vorstellung von der Wirkung, vermöchte
der Politiker zum Beispiel sich die vorzustellen, die er zu erschlagen empfiehlt, sähe der Chef die Wirkung einer Entlassung, der Angestellte die Folgen einer Unterlassung.

Wie harmlos im Verhältnis die Schlagworte der Mode sein mögen, wie
unwichtig es ist, sich vorzustellen, wie man mit einer breiten oder schmalen
Krawatte, engen oder weiten Hose, langem oder kurzem Haar oder Kleid
aussieht – denn man ist ja durch die Mode gedeckt, und die nächste bringt
wieder anderes –, so bedenklich wird es, wenn modische Schlagworte an den
Fundamenten des privaten Lebens rühren: am Verhältnis der Geschlechter,
an der Ehe: Denn die nächste Mode bringt wieder anderes.

Und hier nützt es nicht, durch die andern gedeckt zu sein, denn wenn man
die Grundlagen zerstört hat, kann man höchstens wieder oberflächlich auf-
bauen. Und dennoch gibt es Narren ohne Phantasie, ohne Vorstellungsver-
mögen, die sich so leicht zur Zerstörung eines Lebensglücks entschließen,
wie zu einer breiteren Krawatte, zu einer weiteren Hose, zu langem oder
kurzem Haar oder Kleid. Kein Spießbürger, kein Bürger kann sich leicht den
Forderungen der Mode entziehen. Man verzeihe es ihm, daß er, wenn sie es
verlangt, Pazifist ist oder Kriegsheld, dekadent oder herrenmoralisch ein ver-
fluchter Kerl oder sittsam: Es gehört mehr Mut dazu, es anders zu machen,
als man vom Durchschnittsmenschen verlangen kann. Dennoch: Man darf

manche Schwache ermutigen, vielleicht genügt es manchem, die modern tuenden Phrasen bloß in den Mund zu nehmen! Vielleicht aber darf er es doch wagen: anständig zu bleiben. Vielleicht muß man nicht gemein werden, bloß weil die andern es tun. Vielleicht tun sie auch bloß so!

Solche Gedankengänge will das Textbuch der Oper *Von heute auf morgen* anregen. Trotz der absichtlich leichten und unscheinbaren Form, in die all das eingekleidet ist, ist solche Betrachtungsart sein Zweck.

In der nun folgenden Inhaltsangabe muß auf einige Momente aufmerksam gemacht werden, welche bei der Wiedergabe als Hörspiel nicht wahrnehmbar werden können: auf gewisse Handlungen der Personen nämlich und einige sonstige, bloß sichtbare Bühnenwirkungen.

Mann und Frau kommen aus einer Gesellschaft nach Hause. Der Mann schwärmt von einer Schulfreundin der Frau, mit der er sich den Abend über unterhalten hat, betont brüsk den Unterschied zwischen dieser eleganten Erscheinung und seiner »braven Hausfrau«. Die Frau verbirgt ihren Verdruß darüber, versucht ihn durch Sanftmut abzulenken, indem sie ihm vorhält, er sei geblendet von »jeder neuen Erscheinung, die sich modisch gibt«, erkennt aber die Gefahr, die ihrem Lebensglück droht. Nun will sie seine Eifersucht erwecken, erzählt ihm von einem berühmten Tenor, der ihr am selben Abend auf unterhaltende Weise den Hof gemacht hat. Als der Mann sie in kränkender Weise verhöhnt, reißt ihr die Geduld und sie kündigt ihm an, sie werde ihm zeigen, was er nicht geahnt hatte, weil ihm die Vorstellungsgabe fehlt: daß auch sie modern sein kann, wenn sie will, und insbesondere aber, wie es ihm, dem Mann, erginge, wenn sie eine »Frau von heute« wäre.

Und es zeigt sich, daß es auch hier wäre wie in jeder Durchschnittsehe: Derjenige, der sich's leicht, dem andern aber das Leben schwer macht, behält die Oberhand. Und wie leicht ist es, wie Strindberg sagt, einen Abend lang so auszusehen und sich so zu betragen, daß der Vergleich mit dem Ehepartner, der dem Alltag ausgesetzt ist, zu dessen Ungunsten ausfallen muß.

Sie zieht, nach einem von beiden gesungenen Duett (auf welchen Moment der Hörer aufmerksam gemacht sei) nach den Worten: »Das ist vorbei!« eines der modernen Kleider, die die Schwester des Mannes, »Tante Liesl« des später auftretenden Kindes, eine Tänzerin, bei ihr hinterlegte, an, schminkt sich modern und tritt, faszinierend aussehend, vor ihn. Nun führt sie ihrem Mann, der sofort aus dem gelangweilten Ehemann zu einem »entzückten Verehrer« wird, alle Konsequenzen vor, mit denen er sich abzufinden hätte: Sie redet von der Serie ihrer künftigen Liebhaber, will vom Mann, den sie schon kennt, nichts mehr wissen, sie sucht das Neue, »Abwechslung«; sagt, daß sie ständig keinem einzelnen gehören wolle; zwingt ihn in der Nacht, mit ihr zu trinken und zu tanzen. Aber während er ihr Bier holen geht, wofür sie ihn höhnt:

»Ja will ich denn schuhplatteln?«, gibt sie, die gute Hausfrau, sorgsam darauf acht, daß die Kissen, die sie genial auf den Fußboden geworfen hat, nicht beschädigt werden. Durch den Lärm des Tanzens wird ihr Kind wach und tritt im Nachthemd verschlafen ins Zimmer. Sie weist, zu seinem größten Entsetzen, das Kind ab: »Laß mich in Ruhe und geh schlafen.« Er muß Milch kochen und verbrennt sich die Finger. Aber da klingelt es: Der Gasmann präsentiert eine Rechnung. Kein Geld ist im Hause. Sie hat sich Kleider für das Wirtschaftsgeld gekauft, die sie nun anzieht und ihm zeigt. »Aber wenn der Gasmann das Gas absperrt?« – »Dann ziehn wir ins Hotel und werden auf Pump leben, wie das alle anständigen Leute tun.« Und nun zwingt sie ihn launenhaft, einen Koffer zur Übersiedlung zu packen.

In diesem Augenblick läutet das Telefon, und man hört die Stimme des Sängers, der mit der Schulfreundin noch in eine Bar gegangen ist und die Eroberung, die er an der Frau gemacht zu haben glaubt, vollenden möchte. Gerne läßt sie sich dazu bereden, in die Bar zu kommen, ihren Mann, der ohnedies schon zusammengebrochen ist, für die Schulfreundin mitzubringen. Aber der Mann hat an der Schulfreundin kein Interesse mehr. Mit den Worten: »Sie ist schuld an unserem Unglück« bestätigt er den Sieg der Frau und seine Unterwerfung. Und, ein abgetragenes, unscheinbares Hauskleid anziehend, darf sie sich nun wieder ohne Komödie zeigen: »Soll ich wieder ich sein, die nicht, wenn ein Modequartal Verruchtheit diktiert, bereit ist, Mann und Kind aufzugeben?« Halb versöhnt haben sie nun noch eine Prüfung zu bestehen: Der berühmte Tenor und die Schulfreundin, die vergebens gewartet haben, treten auf, und es beginnt nun ein heiterer Ensemblesatz, in welchem Freundin und Tenor sie zu einer freieren, zeitgemäßeren Lebensauffassung zu bereden trachten, sie auffordern, »ihr eigenes Leben zu leben.« Aber sie werden abgewiesen: »Wenn wir beide das unsere leben, lebt keiner ein anderes als seins.« Freundin und Sänger müssen abziehen und apostrophieren in ihrer Siegesbewußtheit Mann und Frau: »Ihr aber seid verblaßte Theaterfiguren.«

Mann und Frau setzen sich zum Frühstück und wissen, daß auch die Frage, was verblaßt ist und was als glänzend, was als heute noch »strahlend und farbig« empfunden wird, im Leben wie in der Kunst und in den Anschauungen doch nur Modesache ist. Denn es ändert sich »Von heute auf morgen.«

(1930)

Abdruck mit freundlicher Genehmigung von Lawrence Schoenberg (Arnold Schoenberg Institute). © Belmont Music Publishers Los Angeles

Erste Seite des Partiturdrucks (1930) nach einer autographen Vorlage.

Aufführungen

von *Von heute auf morgen* (szenisch und konzertant) 1930–1997

Diese Übersicht wurde in erster Linie nach Peter Naumanns Studie über die Einakter Arnold Schönbergs (Köln 1988) und – für den Zeitraum 1973–1997 – den Angaben des Schott-Verlags (Annette Kehrs) erstellt. Nachfolgend wird das Aufführungsdatum (bei Bühnenaufführungen nur das Premierendatum) genannt, der Regisseur (R), Bühnenbildner (B), Dirigent (D) und die Sänger (S) in der Reihenfolge der Rollen von Frau, Mann, Freundin und Tenor. Möglicherweise sind einige wenige Aufführungen nicht verzeichnet. In einigen Fällen konnten die Sänger und die den Abend ergänzenden Werke nicht ermittelt werden.

1930   Frankfurt 1. 2. (Opernhaus)
R: Graf, B: Sievert, D: Steinberg, S: Gentner-Fischer, Ziegler, Friedrich, Topitz
(Uraufführung, zusammen mit Pergolesi/Schering: *Der getreue Musikmeister*)

Berlin 27. 2.
D: Schönberg; S: Hinnenberg-Lefèbre, Rechner, Rau-Hoeglauer, Topitz
(Rundfunksendung, auch auf Schallplatte, Privatpressung)

1952   Neapel 27. 12. (Teatro di San Carlo)
R: Reich, B: Otto, D: Scherchen, S: Stix, Heyer-Krämer, della Pergola, Petroff
(zusammen mit *Salome*)

1958   Wien 4. 5. (Radio Wien, Großer Sendesaal)
Wiener Symphoniker, D: Gielen, S: Steingruber, Foster, Coertse, Equiluz
(konzertant, auch Rundfunksendung)

Den Haag 21. 6. (Concertgebouw) und Amsterdam 23. 6. (Stadtschouwburg)
R: Hartleb, B: Bignens, D: Rosbaud, S: Schmidt, Olsen, Laszlo, Schachtschneider (zusammen mit *Erwartung*; CD, nicht mehr erhältlich)

1963   Hannover 27. 1. (Landestheater)
R: Lehmann, B: Strenger, D: Wich, S: Brinck, Delany, Dürrler, Altmeyer
(zusammen mit *Erwartung* und *Die Glückliche Hand*)

London 13. 11. (Royal Festival Hall)
BBC Symphony Orchestra, D: Dorati, S: Schmidt, Ohlsen, Harper, Schachtschneider (konzertant, zusammen mit Mahlers 4. Symphonie)

1965   Wien 14. 6. (Theater an der Wien)
R: Kelch, B: Ludwig, D: Cerha, S: Muszely, Blankenheim, Boesch, Besançon
(zusammen mit *Erwartung* und *Die Glückliche Hand*)

1967   Paris 13. 4. (Théâtre des Champs-Elysées)
R: Grandazzi, D: Martin, S: Pilarczyk, Delany (zusammen mit Pergolesi: *Die schlaue Witwe*)

1973   Frankfurt 18. 5. (Städtische Bühnen)
D: Seibel, S: Card, Slembeck, Wendels, Stahl (konzertant, zusammen mit *Erwartung*)

1975   München 15. 1. (Herkulessaal der Residenz)
Symphonieorchester des Bayerischen Rundfunks, D: Kubelik, S: Card, Nöcker, Wright, Altmeyer (Musica Viva, konzertant, auch Rundfunksendung)

1978   London 15. 2. (Royal Festival Hall)
BBC Symphony Orchestra, D: Boulez (konzertant)

1980   Santa Fé (keine weiteren Angaben)

1988   Freiburg 30. 1. (Städtische Bühnen)
D: Markson, R: v. Orlowsky, B: Böken

London 2. 12. (Queen Elizabeth Hall)
BBC Symphony Orchestra, D: Downes (konzertant)

1994   Paris 27. 1. (La Péniche Opéra)
D: Méfano, R: Larroche, B: Lemaire

Ludwigshafen 8. 10. (BASF-Feierabendhaus), Mailand 9. 10. (Teatro alla Scala), Rom 10. 10. (Accademia Santa Cecilia), Wien 11. 10. (Konzerthaus)
Deutsche Kammerphilharmonie/Ensemble InterContemporain, D: Boulez, S: Anthony, Koch, Kilduff, Hill (konzertant, zusammen mit Werken Alban Bergs und Anton Weberns)

1995   Amsterdam 11. 3. (De Nederlandse Opera)
R: Audi, B: Kounellis, D: Knussen (auch auf Video)

Etampes 19. 5. (Théâtre municipal)
L'Ensemble 2e2m, D: Méfano)

Brüssel 9. 11. (Palais des Beaux Arts) und Paris 10. 11. (Théâtre du Chatelet)
Ensemble InterContemporain/Deutsche Kammerphilharmonie, D: Boulez (konzertant)

1996   Wiesbaden 28. 6. (Kurhaus) und Frankfurt 19./20. 9. (Alte Oper)
RSO Frankfurt, D: Gielen, S: Whittlesey, Salter, Barainsky, Karczykowski (konzertant)

1997   Paris 12. 2. (Studio des Ursulines)
R: Huillet/Straub, B: Schoendorff, D: Gielen, S: Whittlesey, Salter, Barainsky, Karczykowski (Uraufführung der Verfilmung, zusammen mit *Lothringen!*)

Die Tonaufnahme des Films auf CD ist zu beziehen über jpc, Lübecker Str. 9, 49124 Georgsmarienhütte, Tel. 05401/851222 Bestellnummer: CPO 999532-2

PATRICK PRIMAVESI

Das Drehbuch als Text

Das im folgenden wiedergegebene Drehbuch des Films *Von heute auf morgen* manifestiert den Prozeß einer Auseinandersetzung mit dem in der Partitur enthaltenen Text der Oper. Das Libretto wurde seinerzeit unter dem Pseudonym ›Max Blonda‹ veröffentlicht und stammt wohl im wesentlichen von Arnold Schönbergs Frau Gertrud, Vorentwürfe mit Randbemerkungen von Schönbergs eigener Hand belegen allerdings eine weitgehende Zusammenarbeit. Der gegenüber dem Libretto nochmals veränderte und um Zusätze zur Vortragsweise erweiterte Text der Partitur war die Grundlage der Arbeit von Danièle Huillet und Jean-Marie Straub. In mehreren Schritten entstand der Entwurf einer Inszenierung der Oper und schließlich die genaue Planung von Kamerapositionen und Kadrierung. Noch über die Fertigstellung des Films hinaus reichte die Arbeit am Text mit dessen zweisprachiger Veröffentlichung (Toulouse 1997), ergänzt um detaillierte Angaben zur Dauer und zum Aufbau der Einstellungen. Als Drehbuch kann in dieser von Huillet/Straub selbst herausgegebenen und übersetzten Fassung allein der französische Teil gelten, der das im Film sichtbare Dekor und die wichtigsten Bewegungen und Gesten beschreibt, während der deutsche Teil nur die gesungenen bzw. gesprochenen Worte enthält. Das verdeutlicht bereits, daß es mit dem Projekt dieses Films um eine eigene Inszenierung ging, die keineswegs immer den Regieanweisungen von Libretto und Partitur folgte.

Das Drehbuch, die Beschreibung der Einstellungen, liegt in verschiedenen Versionen vor, mit mehr oder weniger ausführlichen Angaben zu den Bewegungen, zum Teil mit vollständig integrierten Dialogen. Diese Textfassungen wurden selbst Bestandteil der Proben, die auf sie eingewirkt und sie verändert haben. Von der Notwendigkeit, bis zuletzt auf Fehler zu achten und die vereinbarten Atemeinsätze, Betonungen und Blicke zu überprüfen, zeugen die bunten Notizen auf den hier (verkleinert) abgedruckten Drehbuchseiten, die den Text der Oper und eine vorläufige, nicht immer mit dem Film übereinstimmende, Planung der Einstellungen enthalten. Die handschriftlichen Eintragungen sind Korrekturzeichen, die während einzelner Durchgänge in derselben Farbe oder Stiftart notiert und anschließend mit den Sängern besprochen wurden. So lassen sich die Schwierigkeiten bei der Einübung von Text, Musik und Bewegungen an den Problemstellen und ›Fehlern‹ ablesen: zum Palimpsest verdichtete Spuren einer gemeinsamen Arbeit.

I

I (1'20")
Vorspann 1 (40")

II (1'55")
Vorspann 2 (1')

14

Vorbemerkungen

Die den Drehbuchseiten 1–28 gegenübergestellten Photos aus der Filmkopie werden jeweils mit der Einstellungsnummer (nach dem Drehbuch) beziffert (ebenso die Film-Photos im weiteren Verlauf des Buches).
In Klammern folgen hier: die Brennweite des Objektivs (dies ist, nach *Antigone*, der zweite Film der Straubs, der durchgehend mit einem Zoom-Objektiv, in diesem Fall dem »Panavision Primo«, aufgenommen wurde) und die Länge der Einstellung in Minuten und Sekunden.
Die Daten nicht abgebildeter Einstellungen erscheinen in eckigen Klammern.

Aufgenommen auf Eastman Kodak XX.

Kopierwerk: LTC Saint Cloud.

Format: 1:1,33. Schwarzweiß. Mono.

62 Minuten.

Vorspann 1

Von heute auf morgen
Oper
in einem Akt
von Arnold Schönberg

unter der Leitung
von
Michael Gielen

Libretto
Max Blonda
1929

Vorspann 2

Film
von
Danièle Huillet
und
Jean-Marie Straub
1996

Bühnenbild
Max Schoendorff
J.-M. S./D. H.

Kamera
William Lubtchansky
Irina Lubtchansky
Marion Befve

Beleuchtung
Jim Howe
Barry Davis
Andreas Niels Michel

Ton
Louis Hochet

Georges Vaglio
Sandro Zanon
Klaus Barm

Charly Morell
Hans-Bernhard Bätzing
Björn Rosenberg

Nachspann

Radio-Sinfonie-Orchester Frankfurt

Mann
Richard Salter

Frau
Christine Whittlesey

Kind
Annabelle Hahn

Freundin
Claudia Barainsky

Sänger
Ryszard Karczykowski

Frisuren
Jutta Braun

Musikassistenten
Till Drömann
David Coleman

Filmassistenten
Rosalie Lecan
Jean-Charles Fitoussi
Arnaud Maillet

Produktion
Straub-Huillet

Pierre Grise
Martine Marignac

in Coproduktion mit dem Hessischen Rundfunk

Dietmar Schings
Leo Karl Gerhartz
Hans-Peter Baden

Helga Gielen,
Dieter Reifarth,
André und
Dominique Warynski
gewidmet

15

1

1 (24, 1'38")

1. TOTAL/HALBTOTAL
    ─────────────────────(etwa wie 19. und 29.)

    von links :
    Beide - sie vor ihm -
    treten durch die Tür der Veranda
    - links im Hintergrund - ins Bild,
    und kommen in den Vordergrund :

    - sie nach rechts zur offenen
    Schlafzimmertür (sie bleibt auf
    der Schwelle stehen, und wendet sich
    zu ihm),

    - er in die Mitte zu einem Lehnstuhl,
    in den er sich hinwirft - mit Hut und
    Mantel? - nach vornem zugewandt
    (der Lehnstuhl steht seitlich rechts
    von einem länglichen niedrigen
    Tischlein, hinter dem ein Sofa ist
    und eine brennende Stehlampe;
    auf der anderen Seite links vorne
    ein zweiter Lehnstuhl, in den sie
    sitzen wird) _

            ER:
        Schön war es dort! Geh doch indes
        schlafen! Du weißt, ich übersenke
        gern die Erlebnisse des Tages.

            SIE:
        Ich bin gar nicht milde. Auch
        möchte ich noch nachsehn, ob
        das Kind schläft.

    - sie wendet sich um, geht über
    die Türschwelle in das dunkle Zimmer
    aus dem Bild _

            ER:
        Ja, das war ein entzückend lebendiges
        Weib! Sie geht mir nicht aus dem Kopf.
        Diese Augen, dieser Mund, diese
        herrlichen Zähne, diese schmiegsame
        Gestalt! Na, wenn ich nicht
        verheiratet wär! Na! die könnte mir
        gefährlich werden!

    - sie erscheint wieder aus der
    Dunkelheit auf der Türschwelle _

            SIE:
        Träumst du noch immer? Oder bist du
        müde? Du Armer! Komm doch schlafen!
        Ich habe schon alles zum Frühstück
        gerichtet und die Betten aufgemacht.
        Und du hast doch morgen soviel zu tun!

Man hört, wie sie
die Tür der Veranda
aufmacht und zumacht

Takte 1 - 40

2 (65, 32")

3 (75, 45")

4 (132, 52")

18

2. NAH/HALBNAH   Takte 40 - 63

   <u>von rechts</u> :

   <u>er</u> - halb sitzend, halb liegend? -
   in seinem Lehnstuhl _

           ER:
           Ach, laß mich doch! Man hat doch wirklich
           auf dieser Welt nur das bißchen Träumen.
           Immer Wirtschaft, Arbeit, Kindergeschrei!
           Tag für Tag das Gleiche. Hätte man da
           nicht ab und zu "mal was Andres, was Neues,"
           man würde vor Alltagssorgen und Langeweile
           ersticken!

----

3. NAH   Takte 64 - 85

   <u>von links</u> :

   <u>sie</u> auf der Schlafzimmertür-
   schwelle _

           SIE:
           Immer nach einem vergnügten Abend
           bist du schlecht gelaunt! Auch
           wußt' ich nicht, daß dir dein Leben
           so schrecklich ist. Bis jetzt
           glaubt' ich, wir wären sehr glücklich.
           Was willst du noch mehr? Hast
           ein schönes Heim und ein liebes Kind
           und ein Weib, das dich liebt...

----

4. NAH/GROSS   Takte 85 - 111

   <u>von rechts</u> :

   <u>er</u> in seinem Lehnstuhl _

           SIE (Fortsetzung, off):
           Also: sei nicht brummig und komm.
           Du warst doch vorhin noch so heiter.

           ER:
           Ja, diesen Abend hab ich mich gut
           unterhalten! Da war doch deine Freundin!
           Die hat Laune, Witz, Geist, Humor,
           Charme, und sie ist sehr schön!

           SIE (off):
           Also komm jetzt!

           ER:
           Höre doch auf mit dem ewigen Drängen.
           Ich will nicht.

5

5 (24, 2'3")

6 (132, 34")

20

5. HALBNAH/HALBTOTAL   Takte 111 - 153
            (wie 7. und 9. und 15)

von rechts:

er und der weitere Lehnstuhl
am anderen Ende des Tischleins;

      ER:
      Deine Freundin... Na! wie
      findest du sie eigentlich?

sie kommt singend von der Schlafzimmertür
ins Bild, geht im Vordergrund an ihm
vorbei und setzt sich dorthin _

      SIE:
      Als ich sie heute nach so vielen Jahren
      wiedersah, hab' ich sie kaum erkannt.
      Sie hat sich sehr verändert.

      ER:
      Sie sieht entzückend aus!

      SIE:
      Aus der kleinen, unansehnlichen Person
      ist ein verführerisches Weib geworden.

      ER:
      Eine Frau von heute!

      SIE:
      Ja, die hat sich nicht sorgen müssen
      um Mann und Kinder, um Küch' und Haus,
      da bleibt die Stirne glatt, die Augen
      strahlend, das Lächeln eines Mundes,
      der nie den Schmerz gekannt, erfrischt
      und berauscht, und die Brüste,
      die nur Männerlippen berührt,
      verändern sich nicht.

      ER:
      Eine eheliche Umarmung gäb ich gerne
      für einen sündigen Kuß dieser Lippen.

      SIE:
      Ob sie mich wohl auch so verändert
      gefunden hat?

      ER:
      Nein, denn sie sagte mir: "Ihre Frau
      ist noch immer das Mädchen, das ich
      in meiner Schulzeit gekannt hab!"

      SIE:
      Ja, damals ersann sie die lustigsten
      Streiche und ich bekam dann die Strafe!

----

6. NAH/GROSS   Takte 153 - 165

von rechts:

er in seinem Lehnstuhl _

      SIE (Fortsetzung, off):
      Hat sie das dir auch erzählt?

      ER:
      Von den Strafen, Gott sei Dank, nichts.
      Doch von den Streichen, die waren auch

7

7 (24, 2'4")

8 (99, 28")

lustig, wie du ihr immer täppisch in
die Falle geplumpst: das erzählte sie
wirklich reizend hübsch!

SIE (off):
Ihr habt euch also über mich
so gut unterhalten?

----

7. <u>HALBNAH/HALBTOTAL</u> (wie 5. und 9. und 15.)   Takte 166 - 198

<u>von rechts:</u>
beide, jeder in seinem Lehnstuhl,
<u>sie</u> links vom Tischlein,
<u>er</u> rechts mehr im Vordergrund

ER:
Ach, bist du empfindlich! Nun
tröste dich, denn der langweil'ge
Patron, der Sänger, hat uns
mit seinem Gesang gestört!

SIE:
Der Sänger... die schöne Stimme!

ER:
Ich weiß nicht, was man für Vergnügen
an dem ewigen Musizieren findet! Wie
kann so ein Mensch nur Eindruck machen
auf diese Frau? Bloß durch die Stimme?
Auf diese Frau? Die nur zu wählen
braucht unter den Besten?

SIE:
Aber so ganz passé schein ich ja nicht
zu sein! Denn, nachdem ich, von dir
allein gelassen, in einer Ecke
dem Gesang des Sängers gelauscht,
hat er, der Berühmte, sich zu mir
gesetzt. Das hebt das Gefühl des
eignen Werts, wenn man wieder einmal
feurige Blicke, leuchtende Augen
auf sich gerichtet fühlt, und weiß,
daß ein Handkuß ihm mehr bedeutet
und Seligeres fühlen macht als
manche Umarmung den eignen Mann...

ER:
Dieser Sänger mit seinen ewigen,
faden Gewitzel brachte uns ganz
aus der Stimmung. Wie gut, daß er dann
woanders sein Glück versuchte!
Denn sogar diese geistreiche Frau
lauschte interessiert!

SIE:
Köstlich, wie er mit Todesernst sagte:

----

8. GROSS   Takte 198 - 206
<u>von rechts:</u>
<u>sie</u>

SIE (Fortsetzung):
"Ich habe beschlossen, Bassist
zu werden; seit ich in die Tiefe
Ihrer Augen geblickt, ist mir meine
Höhe... ist's mir auf meiner Höhe
zu einsam..."

9 (24, 19")

10 (99, 10")

[11 (132, 11")]
[12 (99, 5")]
13 (132, 13")

24

9. HALBNAH/HALBTOTAL   Takte 207 - 212
            (wie 5. und 7. und 15.)
   von rechts:
   beide _

         SIE (Fortsetzung):
         So ein verrückter Kerl!

         ER:
         Warum lachst du?

         SIE:
         Über den Sänger.

         ER:
         Ja, der ist wirklich lächerlich.

         SIE:
         So war es nicht gemeint. Er
         machte mir auf so unterhaltende
         Weise der Hof.

---

10. GROSS   Takte 212 - 214
   von rechts:
   sie _

         ER (off):
         Dir?

         SIE:
         Warum wundert dich das? Höre, ich
         muß dir's erzählen, du wirst lachen.

---

11. NAH/GROSS   Takte 214 - 218
   von rechts:
   er _

         ER:
         Bitte, nein! ich bin nicht
         neugierig.

         SIE (off):
         Du hast mich doch gefragt!
         Stört dich das in deinen Gedanken?

         ER:
         Was weißt du davon?

---

12. GROSS   Takte 218 - 219
    von rechts:
    sie _

         SIE:
         Glaubst du denn, ich weiß nicht
         den Punkt, um den sie sich drehn?

---

13. NAH/GROSS   Takte 219 - 223
   von rechts:
   er _

         SIE (Fortsetzung, off):
         Es ist meine Freundin!

         ER:
         Warum leugnen? Ja!

14

14

14 (99, 1'27")

SIE (off):
Also ist sie dir lieber als ich?

ER:
Dürfte sie mir denn besser gefallen?

---

14. GROSS   Takte 223 - 253
    von rechts:
    sie

SIE:
Ich frage dich, weil ich ja weiß,
daß dich zu diesen Frauen nur
die Neugier zieht; daß du dir
hinter der glänzenden Maske
ein phantastisches Wunder erhoffst.
Von jeder neuen Erscheinung, die
sich magisch gibt, bist du geblendet.
Doch ist der Reiz der Neuheit vorbei,
blickst du enttäuscht ins Nichts.
Ein bischen zu spät vergleichst du
dann mich mit ihr!

ER (off):
Ich vergleiche nicht. Das wäre doch
lächerlich: sie eine Frau von Welt
und du, die brave Hausfrau!

SIE:
Jede Frau kann beides!

ER (off):
Nein; es gibt solche, die jeden
entzücken; und andre müssen sich
bescheiden.

SIE:
Du irrst; man muß nicht. Ich werde
dir's beweisen.

ER (off):
Aber geh!

SIE:
Jetzt reißt mir die Geduld!

- steht singend auf, kommt dabei aus dem Bild,
  und stellt sich in einer heftigen Umdrehung
  nach rechts hinter ihren Lehnstuhl, wo
  sie wieder erscheint: ihre linke Hand
  klammert sich oben auf der Lehne _

---

15. HALBNAH/HALBTOTAL   Takte 254 - 282
    (wie 5. und 7. und 9.)

    von rechts:
    beide, er immer noch sitzend,
    sie hinter ihrem Lehnstuhl stehend _

SIE:
Warte, ich werde dir zeigen, daß ich
durch dich Entmutigte, von dir
Unterschätzte, ans Haus Gefesselte,   *Gekettete*
durch die Gewohnheit, durch die
Gewohnheit Entwertete...

ER:
Warte, ich werde dir zeigen, daß ich

15 (24, 57")

16 (40, 1'17")

17 (50, 28")

durch dich Entmutigter, von dir
Unterschätzter, ans Haus Geketteter,
durch die Gewohnheit, durch die
Gewohnheit Entwerteter, auch anders
zu leben verstehe!

SIE:
...auch anders zu leben verstehe.
Dann wirst du seh'n, welche Erfolge
ich habe.

ER:
Dann wirst du seh'n, welche Opfer
ich dir gebracht hab.

SIE UND ER:
Und vorbei ist es dann mit dem
Entmutigten, Unterschätzten,
Entwerteten, Geketteten, Geknechteten,
Gedemütigten, Mißhandelten, Erstickenden:
das ist vorbei!

---

16. HALBNAH   Takte 283 - 313
   von links:
   die offene Schlafzimmertür:
   sie tritt singend ins Bild (Rücken),
   und wendet sich auf der Türschwelle
   zu ihm (off, weiterhin in seinem
   Lehnstuhl)

       SIE:
       Nun werde ich mir auch die Haare färben
       und schön bunt mein Gesicht bemalen,
       und Kleider trage ich nur mehr vom
       ersten Schneider; und Verehrer
       nehm ich serienweise und Liebhaber,
       genannt, Kameraden. Mit dem ersten
       wird heute noch angefangen; um seinen
       Nachfolger bangt mir nicht sehr;
       doch zögert er zu lange, bekommt er
       auch noch Vorgänger. Man will doch
       schließlich auch sein eignes Leben
       leben. Und dir wird es leid tun!
       Du wirst zu mir kommen und meine Hand
       genauso inbrünstig küssen, wie du es
       der Dame heute abend getan!

   - sie dreht sich um, und geht ins dunkle
     Zimmer, verschwindet, die Kamera
     verharrt (Takte 305-313)

---

17. HALBNAH   Takte 313 - 323
   von rechts:
   er in seinem Lehnstuhl

       ER:
       Glaubst du wirklich, du kannst mich
       erschrecken durch Zukunftsbilder,
       die fremd mir aus deinem Mund?
       Glaubst du wirklich, du wirst mir
       interessant, weil du Worte gegen mich
       führst? Worte, solche Worte?

18 (135, 23"). *Ende Rolle 1*

19

19 (25, 30")
[20 (100, 24")]

18. GROSS   Takte 323 - 328

       von links:
   er noch sitzend _

                    ER (Fortsetzung):
                    Was hilft es, wenn du damit
                    mein Ohr blockierst? Ich fliehe
                    mit meinen andern Sinnen zu der,
                    die sie alle besiegen kann.

----

19. TOTAL/HALBTOTAL   Takte 329 - 342
                   (etwa wie 1. und 29.)

       von links:
   der leere Lehnstuhl von ihr
   im Vordergrund links vom Tischlein
   und rechts davon der Lehnstuhl,
   wo er sitzt; weiter rechts im Hintergrund
   die offene Schlafzimmertür und links
   von ihr eine Kommode (oder grosse Truhe?)
   auf der Telefon, Radio und eine Lampe
   stehen
   (weiterhin die Tür zum Flur und darin
    zur Küche, dann der gedeckte
    Frühstückstisch vor der Veranda
    und ganz links die Eingangstür) _
   - sie kommt -hat sich umgezogen,
     ein Négligé hat sie an-
     aus dem dunklen Schlafzimmer,
     geht direkt zur Kommode, schaltet
     da das Licht ein und läuft weiter
     -hinter seinem Lehnstuhl-
     bis vor ihrem Lehnstuhl, wo sie
     stehen bleibt, ihm zugewandt;
   - er ist aufgesprungen, hat sich
     umgedreht, um ihr mit den Augen
     zu folgen (dabei Hut und Mantel
     blitzartig abgenommen und
     auf das Sofa hingeworfen),
     und schaut sie nun an _

                    ER:
                    Was ist das? Wie siehst du aus?
                    Wie kann man sich so verändern?
                    Ist dieses elegante Wesen meine
                    Frau? Soll ich meinen Augen trauen?

                    SIE:
                    Was ist das?

----

20. NAH   Takte 342 - 354
       von links:
   sie (rechtes Profil, 3/4 Nacken)
   steht schräg vor ihrem Lehnstuhl,
   und schaut ihn an _

                    SIE (Fortsetzung):
                    Was höre ich? Wie kann man sich
                    so verändern? Ist dieser entzückte
                    Verehrer mein Gatte? Soll ich
                    meinen Ohren trauen?

21

21 (148, 2'41")

22 (100, 47")

21. GROSS

 von links:

 er (linkes Profil, 3/4 Gesicht)
 steht schräg vor seinem Lehnstuhl,
 und schaut sie weiter an _

    ER:
    Hast du je etwas andres von mir
    gehört, war es ich nicht, der
    dich stets in Treue verehrt?

    SIE (off):
    Leider habe ich dich da
    missverstanden. Dacht' du findest,
    ich sei deiner Liebe nicht wert.

    ER:
    Wann hätt' ich je sowas gesagt?

    SIE (off):
    Sollte mein Gedächtnis mich täuschen?

    ER:
    Braucht eine schöne Frau Gedächtnis?

    SIE (off):
    Oho! Will mein Mann plötzlich
    den Verliebten spielen? Das
    paßt nicht zu dir, mein Lieber!
    Als braver Ehmann bist du mir
    sehr lieb; damit gib dich zufrieden;
    du machst dich nur lächerlich,
    wenn du anderes versuchst!

    ER:
    Du irrst! Du hast mich noch nicht
    in richtigen Licht gesehn; aber
    jetzt, von dir entflammt,
    von deiner Liebe angefeuert,
    von deinem Lächeln berauscht,
    vom Strahl deiner Augen geblendet,
    von deiner Gestalt bezaubert,
    von deinem Geist angeregt: werde ich
    dir zeigen, was ich bin und kann,
    und meine übergroße Liebe wird dir
    beweisen; daß ich der einzige bin,
    der zu dir paßt; daß keiner sonst
    dich so heiß liebt, dich so
    bewundert, dich so anbetet, dich so
    vergöttert: mein liebes Weib!

22. NAH
 von links:
 sie

    SIE:
    Glaubst du wirklich, du kannst mich
    erwärmen durch den Tonfall schon
    mit dem du Erprobtes verträgst?
    Glaubst du wirklich, du wirst mir
    interessant, wenn du mit Phrasen
    mich überschwemmst: Phrasen, solchen
    Phrasen! Das läßt mich kalt, wenn
    mein Gatte noch so heiß sagt,

23 (148, 1'21")

24 (100, 20")

[25 (148, 23")]
26 (100, 17")

23. GROSS
    von links:
    er _

Takte 432 - 452

SIE (Fortsetzung, off):
ich höre nur auf die fremde
Stimme, die lockt und ohne Gnade
mir die Besinnung raubt.

ER:
Wie? Was? Rauben? Oho! Oho!
Wer will mir mir rauben?

SIE (off):
Der Sänger, der berühmte Tenor.

ER:
Was? Dieser hirnlose Komödiant,
der nur in Opernzitaten denkt und
immer irgendwie vom Singen redet?
"Oh gnädige Frau, ich liebe
-pardon- mehr die Tiefe, die Tiefe
Ihrer Augen." Ach, das meinst du
ja alles nicht im Ernst? Komm,
laß ich küssen, Liebling! Sag,
daß du nur mir allein gehörst!

24. NAH
    von links:
    sie _

Takte 453 - 461

SIE:
Nein, mein Herr, da irren Sie.
Ständig gehöre ich niemand, komme
aber manchmal gänzlich abhanden...

25. GROSS
    von links:
    er _

Takte 462 - 469

SIE (Fortsetzung, off):
Denn ich tue, was die Laune mir
gebietet und was mir Freude macht.

ER:
Das Alles macht dich immer noch
begehrenswerter, dann liebe ich
dich noch heißer:

26. NAH
    von links:
    sie _

Takte 470 - 473

ER (Fortsetzung, off):
Deine Freuden sind auch die meinen!
Du kennst mich.

SIE:
Wie, ich soll Sie kennen?
Wär nicht sehr günstig für Sie.
Bekanntes ist Uninteressantes!
Ich suche das Neue!

27 (148, 30")

28 (100, 1'8")

29

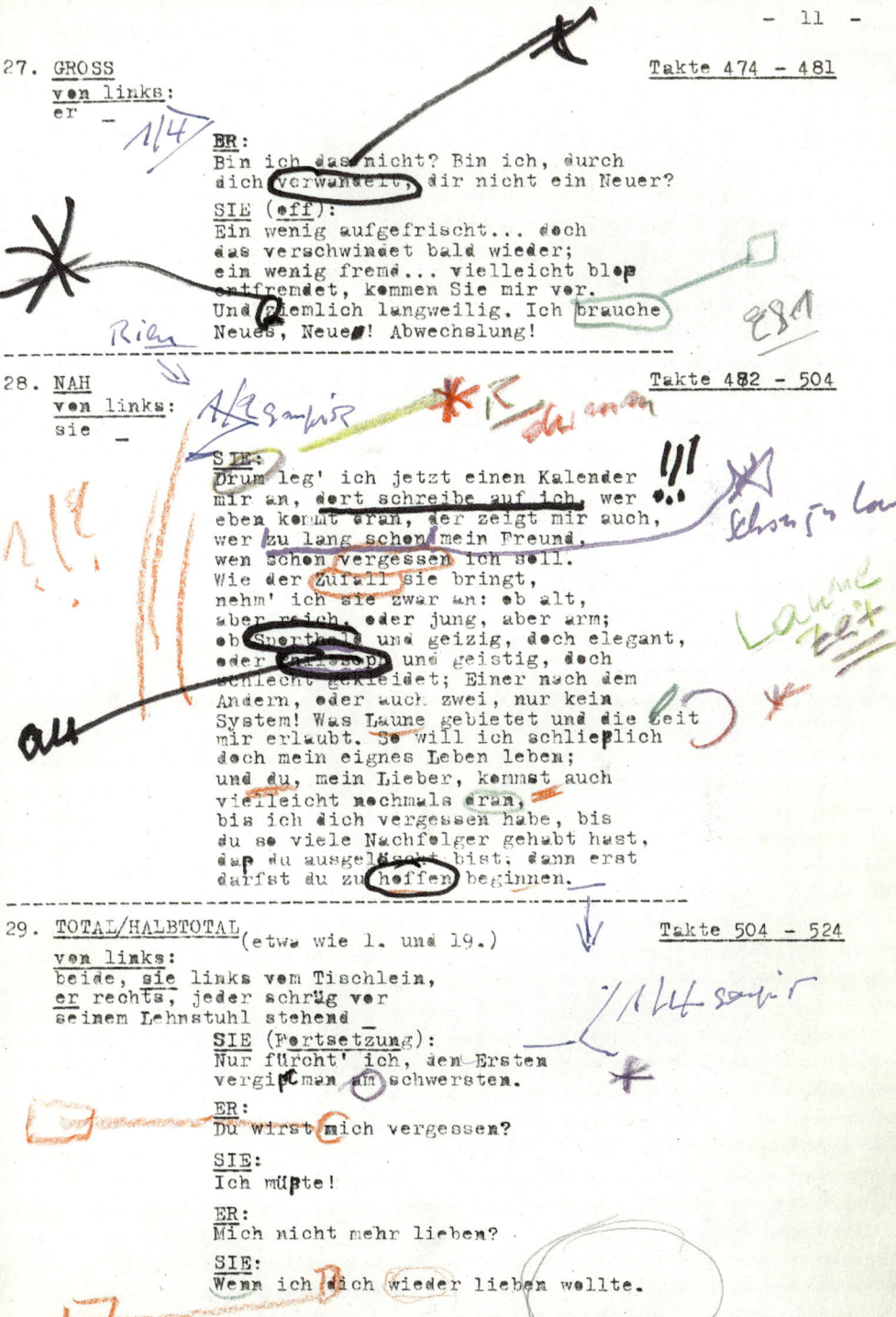

27. GROSS   Takte 474 - 481
    von links:
    er _

    ER:
    Bin ich das nicht? Bin ich, durch
    dich verwandelt, dir nicht ein Neuer?

    SIE (off):
    Ein wenig aufgefrischt... doch
    das verschwindet bald wieder;
    ein wenig fremd... vielleicht bloß
    entfremdet, kommen Sie mir vor.
    Und ziemlich langweilig. Ich brauche
    Neues, Neues! Abwechslung!

----

28. NAH   Takte 482 - 504
    von links:
    sie _

    SIE:
    Drum leg' ich jetzt einen Kalender
    mir an, dort schreibe auf ich, wer
    eben kommt dran, der zeigt mir auch,
    wer zu lang schon mein Freund,
    wen schon vergessen ich soll.
    Wie der Zufall sie bringt,
    nehm' ich sie zwar an: ob alt,
    aber reich, oder jung, aber arm;
    ob Sportheld und geizig, doch elegant,
    oder Philosoph und geistig, doch
    schlecht gekleidet; Einer nach dem
    Andern, oder auch zwei, nur kein
    System! Was Laune gebietet und die Zeit
    mir erlaubt. So will ich schließlich
    doch mein eignes Leben leben;
    und du, mein Lieber, kommst auch
    vielleicht nochmals dran,
    bis ich dich vergessen habe, bis
    du so viele Nachfolger gehabt hast,
    daß du ausgelöscht bist; dann erst
    darfst du zu hoffen beginnen.

----

29. TOTAL/HALBTOTAL (etwa wie 1. und 19.)   Takte 504 - 524
    von links:
    beide, sie links vom Tischlein,
    er rechts, jeder schräg vor
    seinem Lehnstuhl stehend _

    SIE (Fortsetzung):
    Nur fürcht' ich, den Ersten
    vergißt man am schwersten.

    ER:
    Du wirst mich vergessen?

    SIE:
    Ich müßte!

    ER:
    Mich nicht mehr lieben?

    SIE:
    Wenn ich dich wieder lieben wollte.

29 (25, 1'7")

30 (75, 40")

31 (120, 15")

38

ER:
Ich verstehe dich nicht!

SIE:
Das sollte dir doch gefallen!
Aber wirklich: verstündest du mich,
wüßtest du, daß ich jetzt tanzen
werde. Halt, vorher etwas zu trinken!
Zum Einstimmen!

ER:
Hast du etwas zu Hause?

SIE:
Du fragst? Statt schon zu laufen!

- er dreht sich um nach links,
  und läuft zur Küche (Tür zum Flur,
  im Hintergrund; rechts davon,
  die brennende Lampe auf der Kommode?);
  sie bewegt sich nicht, dreht nur den Kopf,
  um nach vorne zu singen

        SIE:
        Jetzt, guter Gott, schenk mir
        Phantasie!

----

30. NAH   Takte 524 - 534
    von links:
    die Lehne ihres Sessels
    mit einem Teil ihres Körpers davor,
    aber sofort setzt sie sich hin,
    und ihr Gesicht erscheint

        SIE:
        Er muß zusammenbrechen. Verliebt
        ist er schon und eifersüchtig.
        Aber er wünscht noch gequält zu
        werden. Also nach etwas Hysterie
        und Phrasen. Davon hat man ja
        heute genug gelesen!

----

31. NAH/GROSS   Takte 534 - 539
    von links :
    das Tischlein nur:
    er ist zurückgekommen mit einem Tablett,
    auf dem zwei Gläser und eine Bierflasche
    stehen, er trägt es mit beiden Händen,
    stellt es auf den Tisch, nur seine Hände
    und Arme sieht man, und er zieht sich
    gleich zurück

        ER:
        Zum Glück hab ich das gefunden.

- ihre linke Hand greift nach der
  Bierflasche, hebt sie und knallt sie
  auf das Tablett

        SIE:
        Was! Bier? Ja will ich denn
        schuhplatteln?

        ER (off):
        Ich bitte dich! Du weckst das
        Kind!
        SIE (off):
        Ach was!

32A (75, 45")

33 (85, 5")

32B (75, 34")

40

32. <u>NAH</u>

<u>von links:</u>
<u>sie in ihrem Lehnstuhl</u>

> SIE:
> Jetzt tanz ich mit dir; vielleicht
> zum letzten Mal! Mach das Radle auf!

> ER (off):
> Zu spät! Das kann man jetzt nicht
> mehr.

- steht auf, tritt nach vorne
aus dem Bild

> SIE:
> So werde ich dazu singen!

----

33. <u>HALBNAH</u>   Takte 555-556

<u>von links:</u>
die offene Tür zum Schlafzimmer
mit dem <u>Kind</u> auf der Schwelle,
in Nachthemd oder Pyjama

> DAS KIND:
> Mama, was machst du da?

----

32. <u>NAH</u>

<u>von links:</u>
der leere Sessel von ihr

> ER (off):
> Jetzt hast du es geweckt!

- sie kommt, setzt sich wieder hin

> SIE:
> Daß man niemals Ruhe haben kann!
> DAS KIND (off):
> Mama ist bös auf den Papa?

> SIE:
> Laß mich in Ruhe und geh' schlafen!

> DAS KIND (off):
> Erst ein Busi!

> ER (off):
> Du willst das Kind nicht küssen?

> SIE:
> Ich bin jetzt nicht gelaunt dazu!

- er geht -off- zum Kind, nimmt es bei der Hand

> ER (off):
> Komm, schlaf noch ein bißchen!

> DAS KIND (off):
> Mama ist schlimm.

- er -off- nimmt es hinaus durch die Tür zum
Schlafzimmer

> SIE:
> Nimm es doch endlich hinaus! Gib ihm
> sein Frühstück, damit es still ist.

34 (75, 48"). *Ende Rolle 2*

35

35 (24, 2'8")

34. HALBNAH   Takte 567 - 581
    von links:
    die Tür zum Flur (und darin
    gleich links zur Küche):
    - er erscheint auf der Schwelle,

                    ER:
                    Ach, ich glaube, die Milch ist
                    angebrannt! Willst du nicht nachsehn?

                    SIE (off):
                    Bist du verrückt, mein Lieber?
                    Mich interessiert das nicht.
                    Mach daß du endlich hereinkommst!

                    ER:
                    Gleich! Gleich!

    - verschwindet wieder in die Küche,
      die Kamera verharrt
      (- sie ist "off" aufgestanden, um ihren letzten
         Satz zu singen, und singt ihn nach vorne)

                    SIE (off):
                    Ich werde dir zeigen!
                    Ich werde dich lehren!

- -

35. HALBNAH/HALBTOTAL   Takte 582 - 625
    von rechts:
    der Kleiderschrank an der linken Wand
    (etwa in der Mitte)

                    ER (off, auf der Schwelle
                        der Tür zum Flur stehend):
                    Es klingelt!

    - sie tritt links im Vordergrund
      (kommt von ihrem Lehnstuhl "off")
      ins Bild, geht auf den Schrank zu,

                    SIE:
                    Es klingelt! Geh' öffnen!

    öffnet ihn, greift nach einem Bügel
    mit einem Kleid und einem Shawl,
    wendet sich nach dem Hintergrund zu
    ihm (-er ist "off" von der Küche zur
    Eingangstür gelaufen, steht dort
    vor der Veranda),

                    ER (off):
                    Liebste, der Gasmann ist draußen!
                    Kommt der jetzt mitten in der Nacht?

    das Kleid in einer gekünstelten
    Haltung vor sich zeigend

                    SIE:
                    Sieh, wie dieses Kleid mir paßt.
                    Wie soll ich den Shawl dazu tragen?

                    ER (off):
                    Liebste, der Gasmann!

                    SIE:
                    Gefällt es dir so besser oder
                    wenn ich...

                    ER (off):
                    Liebling, so hör mir doch zu!
                    Der Gasmann.

36 (180, 29")

37 (135, 41")

38 (38, 46")

- sie hängt das Kleid wieder in den Schrank,
schliesst ihn, dreht sich um,

>   SIE:
>   Ja, was ist denn das? Ich zeige mich dir
>   in Kleidern, in denen man neben
>   Königinnen bestehen könnte; und ich
>   deute dir an, wie ich... ich überlasse
>   das nicht bloß deiner Phantasie,
>   ohne sie und du:.... so verliebt bist du,
>   daß du dastehst wie ein Cretin und
>   fortwährend lallst: "Der Gasmann! Der
>   Gasmann!" Zum Kukuck! Was ist denn
>   mit ihm?

kommt nach vorne links aus dem Bild
zu ihrem Lehnstuhl, und setzt sich wieder
hin _

>   ER (off):
>   Er kommt mit der Rechnung! Ich
>   gab dir neulich schon das Geld!

---

6. NAH/GROSS   Takte 626 - 634
von rechts:
sie im Lehnstuhl sitzend _

>   SIE:
>   Ja, ich weiß, aber mein Lieber,
>   du glaubst doch nicht, daß ich
>   das Geld noch habe! Komm, ich werde
>   dir zeigen, was für prachtvolle Dinge
>   ich mir dafür gekauft habe,

---

7. NAH   Takte 634 - 644
von rechts:
er vor der Veranda,
an der Eingangstür _

>   SIE (Fortsetzung, off):
>   nur um dir zu gefallen!... Dir allein!
>   Hörst du, was ich sage?
>
>   ER:
>   Aber was soll ich ihm jetzt sagen?
>
>   SIE (off):
>   Ach so: der Gasmann! Was kümmert
>   das mich?

---

8. HALBNAH   Takte 645 - 660
von rechts:
sie

>   ER (off):
>   Wenn er es aber sperrt? Was dann?

- springt auf, und
  -nach vorne singend-

>   SIE:
>   Dann ziehn wir ins Hotel!
>
>   ER (off):
>   Das kostet zu viel!
>
>   SIE:
>   Wir werden eben auf Pump leben,

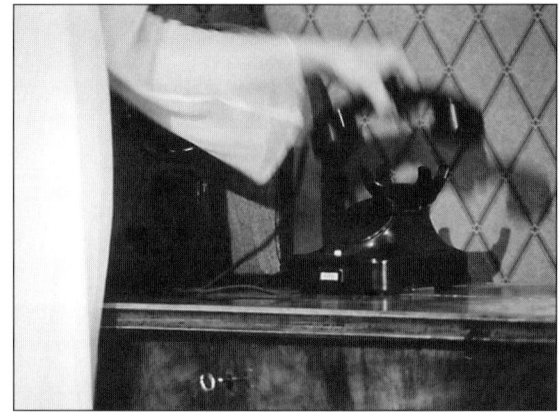

39 (275, 22")

40 (118, 3")

41 (250, 1'10")

wie das alle anständigen Leute heute
tun. Mich macht die Wirtschaft
ohne dies schon krank. Also schnell,
hilf mir packen!

    bleibt sie auch dann (Takte 654 bis 660)
    vor ihrem Lehnstuhl stehen _

---

39. NAH/GROSS   Takte 660 - 665
    von links:
    das Telefon (auf der Kommode -grossen Truhe?-
    links von der Tür zum Schlafzimmer) _

                SIE (off):
                Was ist das?

                ER (off):
                Was ist das?

    - sie kommt (off) vom Lehnstuhl, ihre Hand
      greift nach dem Hörer und nimmt ihn
      aus dem Bild _

                DER TENOR AM TELEFON:
                Halloh!

                SIE:
                Halloh!

                DER TENOR AM TELEFON:
                Sie, gnädige Frau, am Telephon?

---

40. NAH/HALBNAH
    von links:
    er (noch vor der Veranda, an der Eingangstür)
    kommt gleich nach vorne rechts aus dem Bild,
    in Richtung Telefon _

                ER:
                So, jetzt ist er fortgegangen!

---

41. NAH   Takte 665 - 686
    von links:
    sie mit dem Hörer am Ohr in der Hand _

                SIE:
                Der berühmte Tenor!

                DER TENOR AM TELEFON:
                Ah! Sie haben mich an meiner Stimme
                erkannt?

                SIE:
                Ihre Stimme! Wer die einmal gehört
                hat, vergißt sie nicht wieder!
                Aber so spät rufen Sie noch an?

                DER TENOR AM TELEFON:
                Ich dachte, zu früh! He-he-he-he!
                Hoffentlich nicht doch zu spät,
                nämlich wegen unsrer Wette.
                Ihre Freundin und ich
                gingen bei Ihnen vorüber

42

42

42 (90, 1'21")

48

42. HALBNAH
von links:
beide _
- sie, weiter mit dem Hörer in der Hand am Ohr,
der Kamera zugewandt i.e. den Rücken zur
Kommode (hinter ihr auf der Kommode: rechts
das Radio, in der Mitte das Telefon und
links die brennende Lampe); sie ist
rechts im Bild _

DER TENOR AM TELEFON (Fortsetzung):
und da sahn wir durch die Jalousien
Licht.
SIE:
Ach so!

- er steht links, etwas hinter ihr,
neben der Lampe mit der linken
Schulter an der Wand, macht Lärm
mit einem dicken Aschenbecher, der
auf der Kommode unter der Lampe steht _

SIE (zu ihm):
Pst!

DER TENOR AM TELEFON:
Ich behauptete, daß der Schein
von Ihren strahlenden... sind Sie
noch da?
SIE:
Ja!

DER TENOR AM TELEFON:
...von Ihren strahlenden Augen
herrühre.
ER:
Siehe Rheingold!

DER TENOR AM TELEFON:
Aber Ihre Freundin, die sehr
prosaisch ist,
SIE:
Ja.

DER TENOR AM TELEFON:
behauptet, es sei gewöhnliches,
elektrisches Licht.
SIE:
Ja.

DER TENOR AM TELEFON:
Nun entscheiden Sie, gnädige Frau,
wer Recht hat.
SIE:
Worum geht die Wette?

43 (245, 1'42")

44

44

50

3. NAH
   von links:
   nur sie, wie 41.

DER TENOR AM TELEFON:
Ihre Freundin soll, wenn sie
verliert, wenn also ich gewinne,
Sie und natürlich auch Ihren Mann
bereden, jetzt gleich zu uns
in die Bar zu kommen.

SIE:
Und wenn Sie verlieren?

DER TENOR AM TELEFON:
Ist's meine Pflicht, daß ich
den Herrn Gemahl und
selbstverständlich auch seine Gattin,
noch heute Nacht in die Bar verlocke.

SIE:
Wir gewinnen also alle auf jeden Fall!
Dann muß ich ein salomonisches Urteil
fällen: meine aufrichtige Freundin
ladet meinen Mann und Sie laden mich
in die Bar ein.

----

4. HALBNAH
   von links:
   beide, wie 42.

DER TENOR AM TELEFON:
Ich bin entzückt!

SIE:
Von der unparteiischen Zeugin?

DER TENOR AM TELEFON:
Waren Sie gar nicht voreingenommen?

SIE:
Meinen Sie gegen meine Freundin?

DER TENOR AM TELEFON:
Ich habe anderes zu hoffen gewagt.

ER:
Der Mensch ist unverschämt!

SIE:
Bitte, störe doch nicht! Er kann ja
doch nicht wissen, daß du zuhörst!
Haben Sie denn zu hoffen aufgehört,

DER TENOR AM TELEFON:
Ja! Ja!

SIE:
Jetzt, wo ich hinkomme?
Was doch eine Erfüllung ist!

DER TENOR AM TELEFON:
Seligste Erfüllung,

ER:
Er singt wieder einmal!

SIE:
Wir gehen schon!

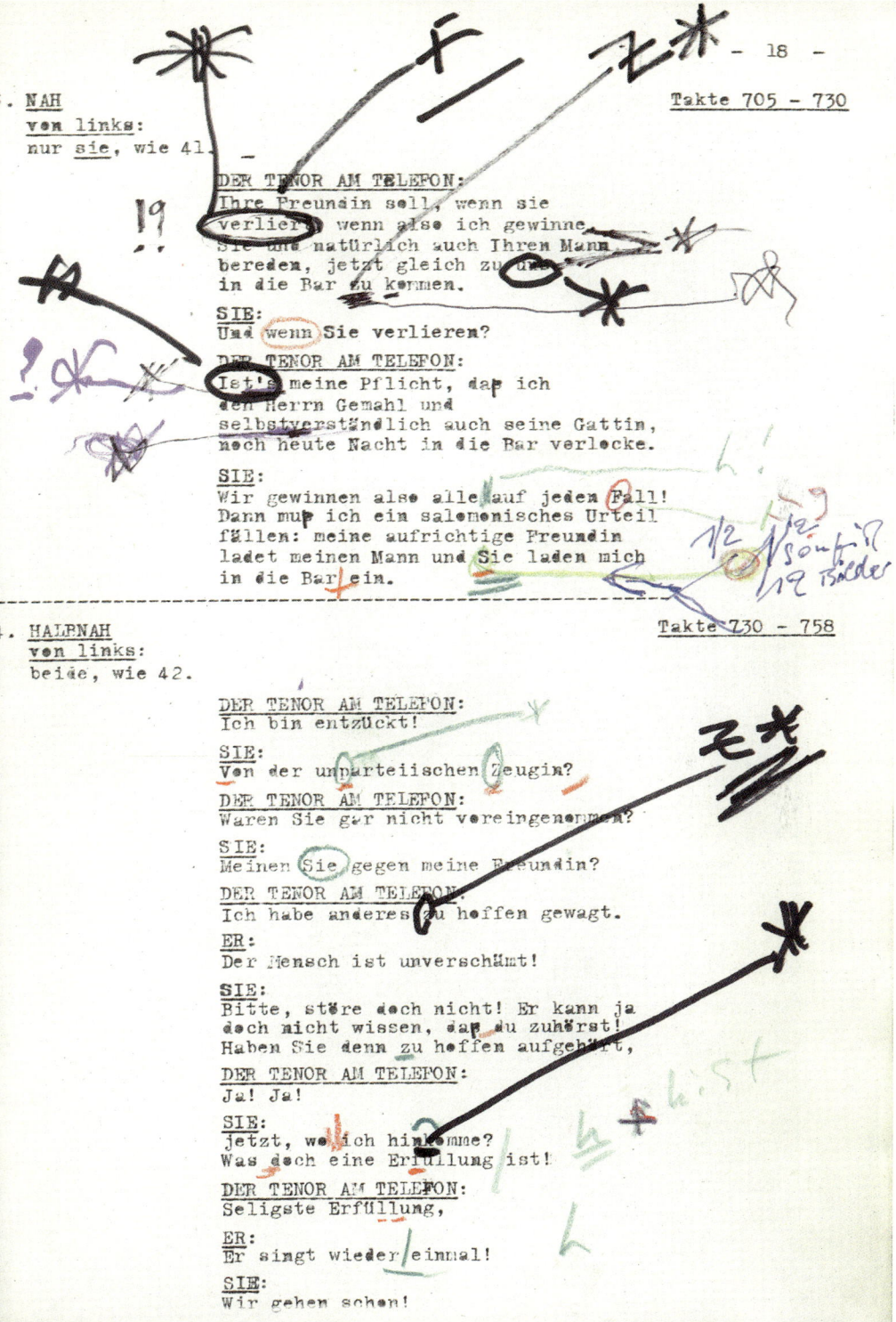

44 (90, 1'25")

45 (245, 24")

46

DER TENOR AM TELEFON:
hehrster Lohn!

- er kommt singend ("lächerlich") nach vorne
  rechts aus dem Bild (in der Richtung seines
  Sessels) _

ER:
Lächerlich!

SIE:
Also in zehn Minuten:
Auf Wiedersehn!

DER TENOR AM TELEFON:
Auf Wiedersehn!

ER (off):
Genug davon! Kannst Warten!

Takte 759 - 767

45. NAH/HALBNAH
von links:
nur sie, wie 41. und 43. _
- sie nimmt aber den Hörer vom Ohr,
  wendet sich, um ihn aufs Telefon -off-?-
  abzulegen, und dreht sich wieder
  zur Kamera, weiter singend in der
  Richtung von ihm,

SIE:
Komm rasch! Mach dich fertig!

der sich wieder in seinen Sessel
hin=wirft und nach vorne singt _

ER (off):
Jetzt, wo wir packen?

SIE:
Packen? Was denn? Warum?

ER (off):
Du wolltest doch ins Hotel
übersiedeln?

- während sie den letzten Satz singt,
  tritt sie nach rechts aus dem Bild,
  geht ins Schlafzimmer _

SIE:
Ach ja! Schon gut! Aber jetzt
gehn wir in die Bar.

Takte 768 - 833

46. HALBNAH
von links:
die offene Tür zum dunklen Schlafzimmer
während der Orchestertakte 768 bis 781:
- erst während der letzten Takte
  tritt sie aus der Dunkelheit bis auf die
  Türschwelle, wo sie stehen bleibt;
  sie hat ein neues Kleid an _

SIE:
So! Bin ich schön?

- er steht auf (off) _

ER (off):
Du bist wunderschön! Aber!...
Liebling... bitte... geh nicht
so aus!

46 (50, 2'16")

47

47 (48, 1'20")

SIE:
Warum?

ER (off):
Dieses Kleid!

SIE:
Paßt es mir nicht gut?

ER (off):
Doch! Ich hab dich nie so schön
gesehn! Aber ich will nicht, daß
dich dieser Mensch so sieht!

SIE:
Wer? Der Sänger?

ER (off):
Ja; ich bin eifersüchtig.

SIE:
Eifersucht? Lächerlich!
Veraltete Sentimentalität! Wir
gehen jeder seinen eigenen Weg.
Mir gefällt der berühmte Tenor,
dir meine Freundin, das
entzückend lebendige Weib!

ER (off):
Zum Teufel mit dieser Person! Sie
ist Schuld an unserm Unglück!

SIE:
An unserm Unglück?

ER (off):
An meinem Unglück!

SIE:
Bist du unglücklich?

- sie dreht sich um und geht wieder in die
  Dunkelheit des Schlafzimmers, verschwindet _

---

47. NAH/HALBNAH
    von rechts:
    der Sitz seines Sessels und seine Beine davor:
    - er kniet auf den Boden, mit den Ellbogen
      auf dem Sitz _

    Takte 833 - 851

ER:
Jetzt seh ich, daß ich
unglücklich bin; denn mein Glück
warst du, so wie du früher warst.
Mein Glück war meine liebe, kleine
Frau, die ich gering schätzte,
weil sie mir treu war, die ich
verhöhnte, weil sie ihr Haus
liebte; die ich verkleinerte,
weil ich ihr Alles war!
Ich will meine Frau wieder!
Wo bist du? Wo bist du? Habe ich
dich verloren?

- und nachdem er zu Ende gesungen hat,
  legt er die Hände aufs Gesicht _

48

48

48 (74, 2'27")

56

48. NAH/HALBNAH   Takte 851 - 891
von links:
sie steht wieder auf der Türschwelle,
aber gekleidet wie früher (ganz am Anfang)

                    SIE:
                    Soll ich wieder ich sein?

- er richtet sich auf (off)

                    ER (off):
                    Ja! Nur das wünsch ich Dich,
                    wie du früher warst! Ich hielt
                    dich für die Frau von gestern;
                    da gabst du die Frau von heute:
                    die stellt ich höher als dich.
                    Nun weiß ich: Du bist die Frau
                    fürs Leben.

                    SIE:
                    Jawohl, dein Weib fürs ganze Leben!
                    Das nicht, wenn ein Modequartal
                    Verruchtheit diktiert, bereit ist,
                    Mann und Kind aufzugeben.

                    ER (off):
                    Doch du hast nur gespielt.

                    SIE:
                    Ein gefährliches Spiel!

                    ER (off):
                    Ich fürchtete es zu verlieren.

                    SIE:
                    Schlimmer: ich fürchtete, es zu
                    gewinnen; denn die Rolle, die ich
                    spielte, riß mich mit sich.

                    ER (off):
                    So gefiel dir der Sänger wirklich?

                    SIE:
                    Er erinnerte mich an dich.

                    ER (off):
                    Du kränkst mich; ich seh doch
                    anders aus!

                    SIE:
                    Nicht, wenn du schöne Frauen mit
                    feurigen Blicken verschlingst.

                    ER (off):
                    Das war nicht mein Ernst...

                    SIE:
                    Etwas Ernst ist immer dabei.

                    ER (off):
                    Was soll das heißen? Auch das
                    mit dem Sänger?

- sie geht nach links aus dem Bild in der
  Richtung der Tür zur Diele (Küche)

                    SIE:
                    Es ist Tag, und wir haben nicht
                    geschlafen. Ich werde Kaffee
                    bereiten.

49

49 (25, 42")

50 (100, 18")

49. HALBNAH/HALBTOTAL

von links (aber -in der Achse-
von jenseits des Tischleins und
der Lehnstühle, das heißt,
daß die Kamera ungefähr in der
Mitte des Zimmers steht):

der gedeckte Frühstückstisch
vor der Veranda, im Morgengrauen
(es dämmert durch die Jalousien) _

- er kommt, von seinem Sessel, tritt
  singend rechts im Vordergrund
  ins Bild, geht zum Hocker
  am linken Ende des Tisches, setzt sich
  etwas schräg hin, schaut zur Tür der
  Diele (Küche);
  (das rechte Ende des Tisches
  und die Tür sind nicht zu sehen) _

                ER:
                Sie antwortet nicht!
                Bestreitet nicht einmal!
                Sollte doch dieser Sänger?...

- sie kommt von der Küche,
  geht um das rechte Ende des Tisches
  -off- herum, tritt ins Bild rechts
  im Hintergrund auf der anderen Seite
  des Tisches, vor den Jalousien (Profil),
  mit der Kaffeekanne, die sie in die
  Mitte des Tisches stellt, und mit
  einem Zettel, den sie ihm reicht:
  er nimmt ihn; sie bleibt stehn
  (3/4 de face) _

- das Kind folgte ihr mit einer grossen
  Kleiderschachtel, trat aber im
  Vordergrund ins Bild, auf dieser
  Seite des Tisches, stellte die
  grosse Kleiderschachtel auf die Bank
  vor dem Tisch, und steht da
  (3/4 Rücken) gegenüber der Mutter
  rechts von ihr im Bild _

                ER:
                Was hast du da? Die bezahlte
                Gasrechnung? Bitte erkläre
                mir das! Und woher die
                Kleider?

                SIE:
                Baby, lies, was auf dieser
                Schachtel steht!

----

50. NAH das Kind (3/4 Nacken) _

                DAS KIND:
                An Fräulein L - i - s - l .
                Mama, Tante Lisl?

                ER (off):
                Meine Schwester!

                SIE (off):
                Deine Schwester; sie tanzt
                morgen hier;

51

51 (25, 1'54"). *Ende Rolle 3*

52

heben

51. HALBNAH: Takte 913 - 939
er auf seinem Hocker _

> SIE (Fortsetzung, off):
> und ich wünsche ihr eben soviel
> Erfolg in diesen Kleidern, als
> ich durch sie hatte.

- sie tritt ins Bild rechts hinter ihn,
geht um ihn herum, kommt links nach
vorne, setzt sich auf seinen Schoss:
er legt eine Hand auf ihren Schoss,
küsst sie am Ohr, Schulter...
Beide singen nach vorne, von Anfang an _

> ER:
> Bist du böse? Vergeih mir
> noch einmal!

> SIE:
> Soll ich wieder ich sein?
> Noch einmal?

> ER:
> Wieder du! Immer nur du;
> nie eine Andere!

> SIE:
> Und willst du der bleiben,
> für den es sich lohnt,
> die zu bleiben, die ich war?

> ER:
> Immer nur du! Immer nur du!
> Du wirst es sehn!

> SIE:
> Ich hoffe!

> ER:
> Was soll ich versprechen?

> SIE:
> Wenig! Halte mehr!

> ER:
> Stelle mich auf die Probe!
> Nichts ist mir so gleichgültig
> als andere Frauen!

> SIE:
> Auch, wenn sie "entzückend
> lebendig" sind?

> ER:
> Nichts ist mir so gleichgültig
> als andre Frauen!

---

52. HALBNAH/HALBTOTAL Takte 940 - 962
von rechts (das heisst aber
trotzdem vom gleichen Standpunkt
wie vorher: 49., 50. und 51.) :
die Eingangstür
wird von aussen geöffnet _
- der Sänger und die Freundin
erscheinen auf der Schwelle,
treten ein, die Freundin als erste,
macht ein paar Schritte zu ihrer
Rechten, i.e. nach vorne links,
und bleibt stehen; der Sänger
macht einen Schritt zu seiner linken,

52 (25, 1'1")

53

53 (31, 47")

i.e. zu den Jalousien im Hintergrund,
und bleibt ebenfalls stehen _
(die beiden ausserhalb des Bildes:
sie hat den Schoss ihres Mannes
rasch verlassen, ein paar Schritte
zu ihrer Rechten nach hinten gemacht,
und steht vor den Jalousien,
den Eindringlingen zugewandt;
er ist einfach von seinem Hocker
aufgestanden, um sich ihnen
zuzuwenden) _

> SÄNGER UND FREUNDIN:
> Oho, oho, oho, was seh ich da?
> Da sitzen doch beide! Stören wir
> nicht ein Eheidyll; eine Liebesszene!
>
> ER UND SIE (off):
> Zur Nachahmung empfohlen!
>
> FREUNDIN (zu ihm), SÄNGER (zu ihr):
> Mit mir?   Mit mir?
>
> SIE (off, zum Sänger):
> Nein, ich meinte mit meiner Freundin.
>
> ER (off, zur Freundin):
> Nein, ich meinte mit dem Herrn Sänger.
>
> SÄNGER UND FREUNDIN:
> Sie scherzen! Sind Sie böse?
> Sie waren es doch, die mich vergebens

---

53. HALBNAH   Takte 962 - 981
von links (aber immer vom gleichen
Standpunkt):
sie und er
(sie hinten links im Bilde vor den Jalousien;
er rechts im Vordergrund) _

> SÄNGER UND FREUNDIN (Fortsetzung, off):
> warten liess.
>
> SIE UND ER:
> Ach Gott, was nun sagen? Das haben
> wir vergessen! Wir wußten Sie
> in bester Gesellschaft.
>
> SÄNGER UND FREUNDIN (off):
> Wir haben uns nicht gelangweilt.
> Schließlich sind irgendzwei
> immerhin ein Paar.
>
> SIE:
> Meine Freundin ist doch so geistreich!
>
> ER:
> Der berühmte Tenor hat Sie sicher
> unterhalten.
>
> SÄNGER UND FREUNDIN (off):
> Wir suchten Vergessen in Wein
> und Tanz und Musik.

54 (25, 11")

55 (31, 7")

56 (25, 46")

4. HALBNAH/HALBTOTAL   Takte 981 - 987
vom gleichen Standpunkt:
der Sänger und die Freundin
(der Sänger hinten rechts im Bild,
 vor den Jalousien; die Freundin links,
 im Vordergrund - wie 52.)

       SÄNGER:
       Doch muß ich gestehen: ich
       vergaß Ihrer keinen Augenblick.

       FREUNDIN:
       Doch muß ich gestehen: all das
       war mir nur ein schwacher Ersatz.

       SIE UND ER (off):
       Wie Schade! Wie Schade!

----

5. HALBNAH   Takte 988 - 991
vom gleichen Standpunkt:
sie und er
(wie 53.)

       SIE UND ER (Fortsetzung):
       Wollen Sie nicht Kaffee mit uns
       trinken?

       SÄNGER UND FREUNDIN (off):
       Kaffee! Kaffee!

----

6. HALBNAH/HALBTOTAL   Takte 991 - 1004
vom gleichen Standpunkt:
der Sänger und die Freundin
(wie 52. und 54.)

       FREUNDIN:
       Wollen Sie meinen Groll damit
       wieder beleben, den ein guter
       Cognac eingeschläfert hat?

       SÄNGER:
       O süße "Hebe", von Ihnen kredenzt
       oder, wie ich als Siegmund singe:
       "Schmecktest du mir ihn zu!"
       schmeckt ein Milchkaffee sicher
       wie Gin!

       SIE (off):
       So witzig und doch poetisch!

       ER (off):
       Wie romantisch Sie das sagen!

----

57. HALBNAH   Takte 1005 - 1036
vom gleichen Standpunkt
sie und er
(wie 53. und 55.)

       SIE:
       Doch der gute Kaffee wird kalt.

       FREUNDIN (off):
       Wenn Liebe uns nur erwärmt,
       schläfert Cognac den Groll ein.

57 (31, 1'13")

58

58 (25, 1'15")

26

SÄNGER (off):
Schmeckt ein Milchkaffee sicher
wie Gin. Wenn Liebe uns nur erwärmt.

SIE UND ER:
So witzig und doch poetisch,
wie romantisch Sie das sagen!
Doch der gute Kaffee wird kalt.

FREUNDIN UND SÄNGER (off):
Wie schade, liebster Freund,
wie schade, gnädige Frau,
daß nicht Sie!... Mit mir...
wir beide... allein... zusammen...
wie herrlich!

SIE UND ER:
Sehr liebenswürdig, sehr
schmeichelhaft! Leider jedoch bin
ich unabsehbar lang nicht frei.

---

58. HALBNAH/HALBTOTAL   Takte 1037 - 1072
vom gleichen Standpunkt
der Sänger und die Freundin
(wie 52., 54., und 56.)

ER (Fortsetzung, off):
Aber vielleicht der berühmte Tenor?

SIE (Fortsetzung, off):
Aber vielleicht meine geistreiche
Freundin?

FREUNDIN:
Ich dachte, Sie sind ein Mann
von heute. Nahm an, Ihre Ehe sei
modern. Setzte voraus, Sie legten
einander keine Hindernisse in den
Weg. Kann Ihnen denn diese reizlose
Frau genügen; Sie, der geschaffen
ist, viele Frauen glücklich zu
machen; Sie wollen sich mit einer
begnügen? Was doch heute kein Mensch
mehr täte! Lösen Sie sich aus
dieser Verbindung oder werden Sie
in ihr frei! Haben Sie doch endlich
den Mut, Ihr eigenes Leben zu leben!

SÄNGER:
Ich dachte, Sie sind eine Frau
von heute. Nahm an, Ihre Ehe sei
modern. Setzte voraus, Sie legten
einander keine Hindernisse in den
Weg. Kann Ihnen denn dieser langweilige
Mensch genügen; Sie, die geschaffen
ist, viele Männer glücklich zu
machen. Sie wollen sich mit einem
begnügen? Was doch heute kein Mensch
mehr täte! Lösen Sie sich aus
dieser Verbindung oder werden Sie
in ihr frei! Haben Sie doch endlich
den Mut, Ihr eigenes Leben zu leben!

59

59 (31, 1'18")

60 (25, 31")

27

59. HALBNAH   Takte 1073 - 1111
    vom gleichen Standpunkt
    sie und er
    (wie 53., 55. und 57.) _

              SIE UND ER:
              Wenn wir bald was unsre leben,
              lebt keiner ein andres als seins!

              FREUNDIN UND SÄNGER (off):
              Ach, wie stimmungsvoll gesagt!
              Wie rätselhaft, wie mystisch!

              SIE UND ER:
              Sehn Sie denn nicht, lieber Meister,
              liebe Freundin, hier ist nichts zu
              machen! Hier ist nichts zu holen!
              Wir sind veraltet, leben in
              vergangnen Idealen und Wünschen.

              FREUNDIN UND SÄNGER (off):
              Gehen wir doch, lieber Meister,
              liebe Freundin! Da ist nichts zu
              machen! Da ist nichts zu holen!
              Die sind veraltet, leben in
              vergangnen Idealen und Wünschen.
              Wir kennen den Preis solcher Dinge...

              SIE UND ER:
              So geht euch billig vor recht!
              FREUNDIN UND SÄNGER (off):
              wir machen einander nichts vor,

              SIE UND ER:
              Doch wünscht ihr, man macht es euch
              nach!

              FREUNDIN UND SÄNGER (off):
              bekommen, was wir erwarten:

              SIE:
              Vielleicht meine geistreiche Freundin!

              ER:
              Vielleicht den berühmten Tenor?

              FREUNDIN UND SÄNGER (off):
              Wir leben unser eignes Leben!

              SIE:
              Das kommt mir bekannt vor!

              ER:
              Das ist ja von gestern!

----

60. HALBNAH/HALBTOTAL   Takte 1112 - 1115
    vom gleichen Standpunkt:
    der Sänger und die Freundin
    (wie 52., 54., 56. und 58.)_

              FREUNDIN UND SÄNGER:
              Ihr aber seid verblaßte
              Theaterfiguren!

    - beide rasch ab: er öffnet die Tür,
    sie geht, er geht, er schliesst die Tür
    hinter sich _

61 (110, 39")

62

62 (32, 40")
Nachspann (1'40"). *Ende Rolle 4*

1. NAH/GROSS   Takte 1116 - 1124
   vom gleichen Standpunkt:

   sie vor den Jalousien
   mit gesenktem Blick,
   stehengeblieben, wo sie stand _

   (er -off- ist aber gleich
   weggegangen, nach rechts
   um den Tisch herum und weiter
   bis zum anderen Tischende, wo
   das Kind sitzt auf einem Hocker:
   der Vater setzt sich schräg von ihm
   auf die Bank, i.e. mit dem Rücken zu den

   Jalousien) _   SIE:
         Wir vielleicht schon verblaßte,
         sie heute noch in beliebten Farben
         strahlende Theaterfiguren. Aber
         noch ein Unterschied: Regie führt
         bei ihnen die Mode, bei uns jedoch
         ... sind sie schon weg...? dann
         wag ich's zu sagen: die Liebe...

Strahlende Theater

1/2 soupir 16.! B.

nicht (ein)mal

2. HALBNAH/HALBTOTAL   Takte 1125 - 1131
   vom gleichen Standpunkt:
   Vater und Sohn eher rechts im Bild
   am Tischende sitzend, mit der
   grossen Kleiderschachtel vorne
   rechts auf der Bank
   - und mit freiem Raum links im
   Hintergrund: da tritt die Mutter
   ins Bild und bleibt neben dem Vater
   am Tisch stehn _

         ER:
         Und dabei finde ich sie heute schon
         nicht einmal mehr ganz modern!

         SIE:
         Das ändert sich eben von heute auf
         morgen.

         DAS KIND:
         Mama, was sind das, moderne Menschen?

-----------------------RASCHES ABBLENDEN-----------------------

U	1	2	3	4	5	6	7	8	9	10	11	12	
U1	cis des	c	fis ges	d	e	ais b	g	gis as	h	dis es	f	a	KU1
U2	c	h	f	cis des	dis es	a	fis ges	g	ais b	d	e	gis as	KU2
U3	h	ais b	e	c	d	gis as	f	fis ges	a	cis des	dis es	g	KU3
U4	ais b	a	dis es	h	cis des	g	e	f	gis as	c	d	fis ges	KU4
U5	a	gis as	d	ais b	c	fis ges	dis es	e	g	h	cis des	f	KU5
U6	gis as	g	cis des	a	h	f	d	dis es	fis ges	ais b	c	e	KU6
U7	g	fis ges	c	gis as	ais b	e	cis des	d	f	a	h	dis es	KU7
U8	fis ges	f	h	g	a	dis es	c	cis des	e	gis as	ais b	d	KU8
U9	f	e	ais b	fis ges	gis as	d	h	c	dis es	g	a	cis des	KU9
U10	e	dis es	a	f	g	cis des	ais b	h	d	fis ges	gis as	c	KU10
U11	dis es	d	gis as	e	fis	c ges	a	ais	cis des	f	g	h	KU11
U12	d	cis des	g	dis es	f	h	gis as	a	c	e	fis ges	ais b	KU12
	12	11	10	9	8	7	6	5	4	3	2	1	KU

G	1	2	3	4	5	6	7	8	9	10	11	12	
G1	d	dis es	a	cis des	h	f	gis as	g	e	c	ais b	fis ges	K1
G2	dis es	e	ais b	d	c	fis ges	a	gis as	f	cis	h	g	K2
G3	e	f	h	dis es	cis des	g	ais b	a	fis ges	d	c	gis as	K3
G4	f	fis ges	c	e	d	gis as	h	ais b	g	dis es	cis des	a	K4
G5	fis ges	g	cis des	f	dis es	a	c	h	gis as	e	d	ais b	K5
G6	g	gis as	d	fis ges	e	ais b	cis des	c	a	f	dis es	h	K6
G7	gis as	a	dis es	g	f	h	d	cis des	ais b	fis ges	e	c	K7
G8	a	ais b	e	gis as	fis ges	c	dis es	d	h	g	f	cis des	K8
G9	ais b	h	f	a	g	cis des	e	dis es	c	gis as	fis ges	d	K9
G10	h	c	fis ges	ais b	gis as	d	f	e	cis des	a	g	dis es	K10
G11	c	cis des	g	h	a	dis es	fis ges	f	d	ais b	gis as	e	K11
G12	cis des	d	gis as	c	ais b	e	g	fis ges	dis es	h	a	f	K12
	12	11	10	9	8	7	6	5	4	3	2	1	K

KLAUS KALCHSCHMID

Zwölf Töne gegen die Mode

Zur Musik-Dramaturgie in Schönbergs erster Zwölfton-Oper

Ich hielt dich für die Frau von gestern; da gabst du die Frau von heute:
die stellt ich höher als dich. Nun weiß ich:
Du bist die Frau fürs Leben

Arnold Schönbergs frühe expressionistische Opern-Einakter sind ausdrücklich so genannte oder im essentiellen Sinne zu verstehende Monodramen, also Ein-Personen-Stücke. *Erwartung* (1909, uraufgeführt erst 1924) ist das halbstündige Psychogramm einer Frau, die im Wald umherirrt und ihren Mann sucht; *Die glückliche Hand* (1909–1913) ein viertelstündiges, abstraktes, auch szenisch kühnes, experimentelles Künstlerdrama um einen für die Kunst auf Liebe Verzicht leistenden Mann. Mit *Von heute auf morgen*, entstanden 1929, in dem Mann und Frau zusammenkommen, einem Einakter, den Schönberg mit seiner Frau (die das Libretto unter dem Pseudonym Max Blonda schrieb) als erste Zwölfton-Oper überhaupt konzipierte, verfolgte der Komponist verschiedene Absichten.

Von heute auf morgen war als Antwort auf die sogenannte »Zeitoper« gedacht, auf Ernst Kreneks *Johnny spielt auf* (1927) mit seinen Anklängen an populäre Musik bzw. dessen Einakter *Der Diktator, Das geheime Königreich* und *Schwergewicht oder die Ehre der Nation* (1928). Auch den musikalischen Sketch *Hin und Zurück* (1927) und die Oper *Neues vom Tage* (1929) von Paul Hindemith, die auf ganz andere Weise den herrschenden Zeitgeist persifliert und einen doppelten Ehezwist in den Mittelpunkt rückt, hatte Schönberg wohl im Blick, nicht zuletzt aber auch Brecht/Weills scharf charakterisierendes *Mahagonny-Songspiel* (1927) und *Die Dreigroschenoper* (1928)[1]. Doch wie sich Schönbergs Glaube nicht erfüllen sollte, daß einst die Spatzen seine Melodien von den Dächern pfeifen würden, konnte er auch nicht ernsthaft geglaubt haben, mit *Von heute auf morgen* einen ähnlichen Erfolg zu erzielen wie Krenek mit *Johnny spielt auf* oder Brecht/Weill mit dem *Mahagonny-Songspiel*.

Wichtiger noch als dieser aktuelle Zeitbezug – und das Vorhaben, ein durchaus dem Zeitgeist der 20er Jahre widersprechendes Zeichen zu setzen – dürfte daher ein handwerklich-musikalisches Moment gewesen sein: Nach etlichen immer größer dimensionierten Werken im Bereich der Instrumentalmusik dehnte Schönberg das Prinzip »des Komponierens mit 12 aufeinander folgenden Tönen« nun auf ein Werk in einem ganz anderen Genre aus.

Schon bald sollte als zweites rein zwölftöniges Werk des Musiktheaters *Moses und Aron* folgen (entstanden 1930–32, zunächst als dreiteiliges Oratorium geplant, szenische Uraufführung des Fragment gebliebenen Werks erst 1957).

Theodor W. Adornos Formulierung kurz nach der Uraufführung von *Von heute auf morgen*: »die Musik verzehrt das Buch« war ebenso scharfsinnig wie mißverständlich, meinte er doch damit keineswegs, daß der Text der Musik nicht ebenbürtig sei, sondern wie sehr das Sujet, seine dramaturgische und sprachliche Ausformung mit der Wahl der musikalischen Sprache zusammenhängen. Diese Ehekomödie mit tragischem autobiographischem Hintergrund[2] ist ein bis heute mit wenigen Ausnahmen mißverstandenes Werk, wobei der Hauptvorwurf, eine hochkomplexe Musik sei an ein banales Sujet mit ebensolchen Dialogen verschwendet worden, einer näheren Betrachtung nicht standhält. Vielmehr sind Witz und Dialektik des Textes der Musik kongruent, beleuchten die musikalischen Momentaufnahmen und häufig wechselnden Tonfälle den Text von allen Seiten. Nur verkannte der Komponist, daß sich durch die Komplexität der Musik und die naturgemäß mangelnde Textverständlichkeit in der Oper vieles nicht unmittelbar erschließt.

Musikalische Formen zwischen Oper und Symphonie

Schönberg komponierte mit *Von heute auf morgen* eine mehr oder weniger verborgene Nummern-Oper, in der Rezitative mit kurzen Arien wechseln, in ariose Passagen übergehen oder sie für Momente unterbrechen, dramatische Spannungen sich in Ensembles entladen. Zugleich aber lassen sich die verschiedenen Teile des einstündigen Werks (wie in der Arbeit von Peter Naumann, dem der vorliegende Text über weite Strecken folgt[3]) als Sätze einer klassischen Symphonie beschreiben. Diese Symphonie beginnt mit einem Kopfsatz in der Sonatenform (Exposition des thematischen Materials von »Mann«, »Frau«, »Freundin« und »Sänger« mit dem »Streit«-Duett kurz vor dem Beginn der Verwandlung der Frau als zusammenfassender Coda, T. 1–282), einer ersten Durchführung[4] und einem damit verknüpften Scherzo I (die Verwandlungen der Frau und des Mannes, T. 283–515), einem Trio, dem die Tanzszene der Frau entspricht (T. 516–553). Nach einer Überleitung folgt das Scherzo II in Variationenform (»Gasmann«-Szene, T. 582–644). Nach einer weiteren Überleitung folgt die Durchführung der »Sänger«-Thematik in der »Telephon«-Szene (T. 660–767). Zwischen Eifersuchts- und Reueszene liegt der Übergang zum langsamen Satz, der auch die Versöhnungsszene umfaßt (T. 824–939). Die »Besuchs«-Szene ist als Rondo-Finale mit einer zunehmenden kontrapunktischen Verschärfung in der Auseinandersetzung der beiden Paare komponiert, von wiederkehrenden Themen wie dem folgenden ersten, mehrfach variierten Rondo-Thema durchsetzt:

Die Arien und Ensembles aber sind innerhalb dieser Formstruktur der symphonischen Anlage der rote Faden des Dramas, verknüpfen die szenische Form (Nummern-Oper) mit der instrumentalen (Symphonie): Die Arietta der Frau, in der sie ihre Freundin beschreibt (T. 114–135, »Als ich sie heute nach so vielen Jahren sah«), die zweite Arietta der Frau (T. 176–190, »Aber so ganz passée bin ich wohl doch nicht«), ihre beiden »Emanzipations«-Arien[5], beginnend mit »Nun werde ich mir auch die Haare färben« (T. 283–305) und »Drum leg' ich jetzt einen Kalender mir an« (T. 483–503, instrumentiert u. a. mit Gitarre, Mandoline und Saxophon!), die große, emphatische »Liebes«-Arie des Mannes (T. 393–417) beginnend mit »Du hast mich noch nicht im rechten Licht gesehen« und kulminierend in »Mein liebes Weib!« und seine »Reue«-Arie (T. 833–851, »Jetzt seh ich, daß ich unglücklich bin«), die »sehr pathetisch, aber durchaus schön gesungen« werden soll.

Die »Liebes«-Arie erinnert in ihrer Isolierung, zwölftönigen Durchformung und Expressivität an das ebenso sentenzhafte Selbstbekenntnis der Titelfigur in Bergs *Lulu*, ihr »Lied«. Es ist mit 50 Takten (in der Konzertfassung) im übrigen exakt doppelt so lang wie diese Arie. Nach einem hektischen Staccato-Schlagabtausch zwischen der Frau und dem Mann[6] beginnt der Mann, begleitet von gebundenen Harmonien in den tiefen Holzbläsern und Geigen (G6): »Du hast mich noch nicht im richtigen Licht gesehen...« Ein Höhepunkt ist bei »meine übergroße Liebe...« erreicht (T. 406). Dort erscheint auch erstmals das »Versöhnungs«- oder »Liebes«-Motiv, gefolgt von einem kurzen, intensiven Orchesterzwischenspiel, bevor mit T. 409 (»daß ich der einzige bin, der zu dir paßt...«) die Emphase einen erneuten und abschließenden Aufschwung nimmt. Danach setzt das Orchester wieder mit einem raschen Parlando-Rezitativ-Tonfall und den permanent wiederholten Sechzehntel-Skalen ein, die des öfteren auch dazu dienen, musikalische Formteile und Wendepunkte der Handlung zu markieren. Nicht nur hier wohnt ihnen eine eigentümliche Aggressivität inne:

Zwölftonstrukturen

Von heute auf morgen ist die erste Oper der Musikgeschichte, die vollständig bis in das kleinste Detail hinein zwölftönig gearbeitet ist. Dabei besteht trotz strenger Gesetzmäßigkeit – kein Ton darf erscheinen, bevor alle anderen 11 Halbtöne einer Reihe erklungen sind – ein großer Freiraum der Gestaltung, denn Reihentöne können gleichzeitig erklingen oder nacheinander, es sind Oktavierungen eines Tons nach oben oder unten erlaubt, d. h. die Intervallstrukturen und damit auch die musikalische Erscheinung der Reihe können sich grundlegend verändern.

Die dem Text vorangestellte Reihentabelle nach Peter Naumann soll in einer Übersicht alle möglichen Formen der Zwölftonreihe, die *Von heute auf morgen* zugrundeliegt, aufzeigen: Grundgestalt (G), Umkehrung (U, Intervalle nach oben führen jetzt nach unten und umgekehrt), Krebs (K, die Töne der Reihe werden von hinten gelesen) oder Krebsumkehrung (KU) in verschiedenen Transpositionsstufen, also 4 x 12 Reihen (siehe S. 72).

Zu Beginn der Oper ist die Reihe noch wie von einem Schleier umgeben, wenngleich die ersten vier Takte in ihrer kontrapunktischen Verdichtung (von G1 und U7) und in der vertikalen und horizontalen Verschränkung der Reihe einem Motto[7] gleichkommen:

Ebenso sind die vier letzten, ebenfalls rein instrumentalen, Takte ein zusammenfassender Epilog.[8] In Takt 13 ertönt dann zum ersten Mal die der gesamten Oper zugrunde ligende Grundreihe (= G1)[9], von der alle Transpositionen und Varianten abgeleitet sind:

Sie ist so konstruiert, daß der Tonvorrat der ersten Hälfte von G1 beispielsweise dem der zweiten von U7 entspricht (und umgekehrt).[10] Außerdem sind in der Struktur der Reihe zahlreiche (tonale) Dreiklangsbrechungen verborgen, die die vertikale Komprimierung der Reihe in Akkorden erleichtern (auch für das Hören):

Wenn es in der Partitur heißt: »Hier beginnt die Verwandlung der Frau, vom Mann nicht beachtet«, erscheint die Umkehrung der Grundreihe (U 12) in gleichförmiger Rhythmisierung, »weiter« Intervallstruktur und im Unisono des Orchesters wie eine Fanfare:

Als die Frau ihre Verwandlungen beendet hat und der Mann glaubt, sie verloren zu haben, spielen die »sehr ruhig fließenden« und die Bläser überstrahlenden Geigen wieder die Umkehrung der Grundreihe, während die Partitur vermerkt: »sie steht vor ihm; jetzt sieht er sie«. Die Verwandlungen haben dem Mann einen neuen – und für einen Augenblick unverstellten – Blick auf seine Frau eröffnet, so klar wie ihn auch der Zuhörer selten auf die Reihe (in ihrer Umkehrung) erhält:

Vor allem in den geschlosseneren Formen (Ariosi, Duetten, dem Quartett am Ende) erklingen Reihenstrukturen linear in den Singstimmen und werden auch kontrapunktisch gegeneinander geführt. Ansonsten sind sie oft vertikal, d.h. simultan erklingend, verarbeitet, Gesangsstimmen und Orchesterpart werden zwölftönig miteinander verknüpft. Immer ist die Zwölftonstruktur jedoch gleichsam ein Subtext des Dialogs mit einer mehr oder minder deutlichen eigenen oder den Text stützenden Bedeutungsschicht. Keineswegs geht Schönberg in dieser Verknüpfung dabei nur mit trockener Ernsthaftigkeit vor, sondern er erlaubt sich manche witzige Pointierung in der Beziehung zwischen Text und Musik. So beispielsweise, wenn die Frau singt: »Wir gehen jeder seinen eig'nen Weg« (U7), die Oboe als zweite Stimme eben auch ihren selbständigen Weg geht und dieselbe Variante der Reihe (G7) rhythmisch und metrisch verschoben spielt:

Durchaus komischen (und ironischen) Effekt machen auch die Überlagerungen von mehreren Reihenvarianten in nur zwei Takten nach »Aber er wünscht noch gequält zu werden. Also noch etwas Hysterie und Phrasen.« Fazit nach diesem »hysterischen« Zwölftonausbruch: »Davon hat man ja heute genug gelesen!« (G6 in den Geigen und versetzt, sowie im Rhythmus beschleunigt in den Trompeten, als U6 daneben in den Holzbläsern, T. 532–33). An einem weiteren – ernsten – Beispiel sei gezeigt, wie Schönberg eine komplexe, musikalische Verdichtung einer Szene vornimmt, indem er das musikalische Geschehen mit allen möglichen Formen einer einzigen Reihen-Variante in Beziehung zum Text vertont. In der Versöhnungsszene vor dem Auftritt von Freundin und Sänger bittet der Mann die Frau um Verzeihung: »Ich hielt dich für die Frau von gestern« (G10), fährt fort: »da gabst du die Frau von heute ...« (musikalisiert mit der rückläufigen Variante, also der Aufhebung des Vorangegangen = K10), und schließt: »... die stellt ich höher als dich«. Hier spielt das Altsaxophon in der charakteristischen Rhythmisierung des »Schwärmerei«- Motivs die erste Hälfte von U10, der die vollständige Krebsumkehrung (KU) folgt. Erst zur Bestätigung der Frau: »Jawohl, [ich bin] dein Weib fürs ganze Leben ...« erscheint U10 in der Singstimme, vervollständigt mit den letzten vier Reihentönen im Orchester. Dem Halbsatz: »[Ein Weib], das nicht, wenn ein Modequartal Verruchtheit diktiert ...« (K10/1-6, G10/1-6 im Fortissimoaufschwung der Geigen) folgt: »... bereit ist, Mann und Kind aufzugeben« mit dem viertönigen Versöhnungsmotiv und seiner Umkehrung. So ist der Prozeß der Aussöhnung nicht nur in der Argumentationsstruktur des Textes, sondern auch in der zwölftönigen Ausformung der Musik komprimiert nachvollziehbar:

In den Duetten und dem Quartett vor der gesprochenen Schlußszene läßt sich die Auseinandersetzung musikalisch noch deutlicher nachvollziehen. Dialektisches im Text erhält auch eine dialektische Struktur in der Musik. Das wird schon in den Duetten zwischen Mann und Frau deutlich. Die Frau äußert sich spöttisch (»Und die Brüste, die nur Männerlippen berühren, verändern sich nicht«), der Mann aber enthusiastisch über die Freundin (»Eine eheliche Umarmung gäbe ich gerne für einen sündigen Kuß dieser Lippen«), wenig später kehrt sich das musikalische Gesicht dieser Stelle um, wenn der Mann nun seinen Spott über den Sänger (»Dieser Sänger mit seinem ewigen faden Gewitzel brachte uns ganz aus der Stimmung«) zur Melodie der Frau von vorher singt, die Frau ihre Begeisterung (»Und weiß, daß ein Handkuß ihm mehr bedeutet und Seligeres fühlen macht als manche Umarmung den eigenen Mann«) jedoch auf die Töne des Mannes.

Im »Streit«-Duett, kurz bevor die Frau ihre Verwandlung beginnt, verwendet Schönberg vor allem den Kanon in der Umkehrung, um die Gleichartigkeit der Vorwürfe in der Auseinandersetzung (im Wortlaut, jedoch nicht in dem, was gemeint ist) auch musikalisch deutlich werden zu lassen: G1 (Frau), gleichzeitig mit U7 (Mann) folgt KU12 (Frau) und K8 (Mann), U12 (Frau) und G8 (Mann). Am Höhepunkt folgt dem »... auch anders zu leben verstehe!« des Mannes (G1) die dezidierte Antwort der Frau zum selben Text, aber als Gegensatz (U5) komponiert:

Das Quartett gegen Ende der Oper steigert analog zum Text die kontrapunktische Verarbeitung noch in einem Doppelkanon. Die Prinzipien vom
Leben »des eigenen Lebens« wie die ironische Brechung darauf reflektieren
sich im Stimmtausch: Auf »Wenn Liebe uns nur erwärmt« (Freundin) und
»Schmeckt ein Milchkaffee sicher wie Gin« (Sänger), antworten Mann und
Frau mit den gleichen Tönen ironisch: »So witzig und doch poetisch, wie
romantisch sie das sagen! Doch der gute Kaffee wird kalt!« Der Kanon
zwischen Freundin und Sänger jedoch bricht bald ab, denn im Folgenden
meint jeder einen anderen Partner: »Wie schade, daß nicht Sie! – Mit mir …
wir beide … allein zusammen … wie herrlich!« (T. 1021–27)

Leitmotive und Verschlüsselungen

Anknüpfend an Richard Wagners Leitmotivtechnik, aber auch an die moti-
vische Verarbeitung von Erinnerungsmotiven und ihre Vernetzung in Claude
Debussys *Pelléas et Mélisande* (1902) erfindet Schönberg für die einzelnen
Figuren seiner Oper und deren Haltungen zentrale Tongruppen, die nicht im
herkömmlichen Sinn als Leitmotive zu bezeichnen sind. Denn sie sind oft
derart vieldeutig, daß sie in ihrer ursprünglichen Gestalt, Veränderung und
Entwicklung nur schwer zu fassen sind. Zwar immer aus der Reihe abgeleitet,
entspringen sie zum Teil rhythmisch metrischen Mustern, die einen bestimmten melodischen Gestus beibehalten, in der Tonhöhe jedoch variieren
können. Die Schwärmerei des Mannes für die Freundin (der Frau!) beispielsweise findet seine musikalische Gestalt in folgender Kantilene der kleinen
Klarinette (Oberstimme im Klavierauszug):

Während ihrer Verwandlung drückt das Motiv jedoch auch die sinnliche Erscheinung der Frau aus (T. 330, »Was ist das? Wie siehst Du aus?«). Ebenso ambivalent ist der »Lockruf«, die fallende große Sekunde, die für die Verführungskraft der Freundin steht, sich aber auch an die Ehefrau bei deren zunehmender Verwandlung heftet. Die Frau verwandelt sich und nimmt schließlich ganz die Stelle der Freundin ein, der »Lockruf« liegt später immer wieder untergründig in der Orchesterbegleitung. Auch die gar nicht spöttisch gemeinte Frage »Braucht eine schöne Frau Gedächtnis?« mit der Vortragsbezeichnung »wie immer schwärmerisch« wird ganz von dieser Sekunde bestimmt:

Der Frau selbst ist eine thematische Ausformung der Reihe zugeordnet, deren »Beschwörung des Eheglücks« im dritten Teil innerhalb der Zwölftönigkeit betont dreiklangstonal und »harmonisch« gestaltet ist.[11]

Die Chimäre des »eigenen Lebens« dagegen musikalisiert Schönberg in einer Form der Grundreihe, die, beginnend auf Stufe h (G10), mehrmals beim zum Schein geforderten Recht auf Selbstverwirklichung (»So will ich schließlich doch mein eignes Leben leben«) thesenhaft wie ein Cantus firmus in halben Noten erscheint (T. 294–300). Auch Freundin und Sänger versuchen das Ehepaar mit diesen Worten und Tönen am Höhepunkt des Quartetts auf ihre Seite zu ziehen. Doch Mann und Frau kommentieren nur ironisch: »Das kommt mir bekannt vor« und »Das ist ja von gestern« (T. 1064–70 und T. 1105–11).

Ein weiteres wichtiges Motiv, eine Vierton-Gruppe, die erstmals in der großen »Liebes«-Arie des Mannes erscheint, ist ohne das für die gesamte Wiener Schule zentrale Moment autobiographischer Verschlüsselungen nicht hinreichend zu deuten. Das Kammerkonzert von Berg beispielsweise enthält ein musikalisches Porträt der Freundschaft zwischen Berg, Schönberg und Webern in Tönen, die den Anfangsbuchstaben ihrer Namen entsprechen. In *Von heute auf morgen* können der 2. und 3. Ton der beiden Hälften der Reihe, die der Oper zugrundeliegt, den Anfangsbuchstaben der Namen von

Arnold und seiner Frau Gertrud Schönberg: es, a (A.S.), g, e (Ge.) zugeordnet werden.[12] Darin drückt sich zum einen der Anteil von Komponist und Textdichterin am Werk als Ganzem aus, aber auch eine Identifizierung mit der Handlung selbst, die ja auf ein tiefgreifendes autobiographisches Moment Bezug nimmt.

Für die Versöhnungs- und die gesamte Schlußszene ist die oben genannte Viertongruppe entscheidend. In ihrer zweiten Hälfte enthält sie ebenfalls ein Anagramm für das Ehepaar Schönberg (as = A. S./ges = G. S.) und macht den autobiographischen Bezug noch deutlicher. Zweimal stellt die Frau die entscheidende Frage nach ihrer Identität: »Soll ich wieder ich sein?« Zuerst in T. 851, dort antwortet der Mann: »Du bist die Frau fürs Leben«, dann bekräftigt er: »Wieder du! Immer nur du; nie eine Andre!« Und so ist dieser Satz durchaus auch als eine autobiographische Liebeserklärung zu verstehen. Den Anagrammen für Arnold und Gertrud Schönberg am Ende geht hier das für Alban Berg (A.B.) voran, sicher keine zufällige Verbindung, wußte doch 1929 Arnold Schönberg schon, daß Alban Berg an seiner *Lulu*[13] arbeitete, ein Werk, das neben *Moses und Aron* zur bedeutendsten Zwölfton-Oper werden sollte[14], der Strenge von *Von heute auf morgen* aber diametral entgegengesetzt scheint:

Die vollständig gesprochene und damit das musikalische Gewicht auf das Orchester legende »Frühstück«-Szene des Schlusses beginnt ebenfalls dezidiert mit dieser Folge a/b/as/ges (T. 1116 in den Bratschen). In verschiedenen Transpositionen und Umkehrungen durchzieht sie den gesamten Schluß.

Zitate zwischen Wagner und Twostep

Schönberg beschränkt sich beim Komponieren nicht auf die virtuose Verknüpfung klassischer motivisch-thematischer Arbeit mit dem Komponieren nach zwölftönigem Prinzip, sondern er setzt zur Charakterisierung von Figuren und Situationen in nicht geringem Umfang Zitate ein, die der strengen Zwölftonstruktur zu widersprechen scheinen. Wenn der »nur in Opernzitaten denkende« Tenor am Telephon vom Glanz hinter den Fenstern redet, der von den »strahlenden Augen« der Frau herrühre, weist der Mann selbst auf Richard Wagners *Rheingold* hin. Wenn der Tenor jedoch sich selbst zitiert: »Oder wie ich als Siegmund singe: Schmecktest du mir ihn zu!« (T. 999), nimmt er bezeichnenderweise in Text und Musik Bezug auf die verbotene und tragisch endende Geschwisterliebe zwischen Siegmund und Sieglinde. Freilich gibt es im 1. Akt von Wagners *Walküre* weder Kaffee, noch Gin zu trinken, sondern bloßes Wasser für einen »Verschmachtenden«. Wenn die Frau, nur von einer Flöte begleitet, die ihre Gesangslinie mit einem Halbtonschritt ergänzt, davon singt, daß sie »vielleicht zum letzten Mal!« mit ihrem Mann tanzen werde, ergibt das, sogar im Rhythmus angenähert, komprimiert eine Tonfolge aus Wagners letzter Oper *Parsifal* zu demselben Text. Im 3. Akt nötigen die Ritter damit ihren siechen König Amfortas, den Gral, dessen Anblick ihm unerträgliche Schmerzen bereitet, ein letztes Mal zu enthüllen. Bei Schönberg freilich schwingt in der kargen Ausformung des Zitats Trauer mit und es gelingt ihm das Kunststück, sowohl das Zitat wie die Zwölftonstruktur zu bewahren!

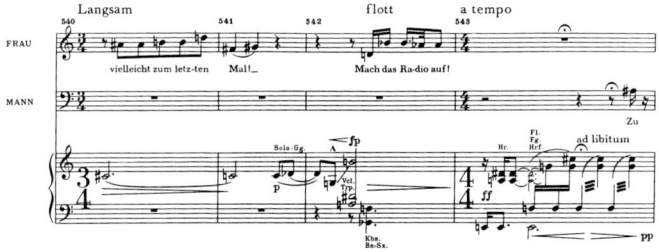

Neben Wagner bezieht sich Schönberg auch auf einen »zeitgenössischen« und ebenso berühmten – und beliebten – Opernkomponisten: Giacomo Puccini. Schönberg schätzte ihn wegen seiner avancierten Harmonik, lehnte jedoch die vermeintliche Sentimentalität seiner Musik ab. So sind die Stilzitate Pucchinischer Harmonik mit einem verminderten Septnonakkord, zu dessen Begleitung sich der Sänger mehrfach als »ein süßer, dünner lyrischer Tenor, wie Tauber« (Schönberg) in Pose setzen darf, durchaus ambivalent, verweisen sie doch auch auf Schönbergs eigene spätromantische Werke der Frühzeit (u. a. T. 201/444/695/996 nach Naumann).

Weitaus direkter noch – und doch nur angedeutet – sind die »imaginären« Zitate von zeitgenössischer Unterhaltungsmusik. Mit Anklängen an Twostep, Walzer oder Foxtrott und dem Zitat von Jazz-Rhythmen und -Formen bezieht sich Schönberg einerseits auf die »Zeitoper«, versucht jedoch auch mit Details der Instrumentation (vor allem durch die Verwendung von Saxophon, Mandoline, Harfe, Klavier usw.) das »Leichte, manchmal Heitere« aus der Zwölftonstruktur herauszukitzeln. Tonfall und Gestus der Partitur wechseln mit teilweise atemberaubender Geschwindigkeit auch in der Instrumentation vom ganz tänzerisch Koketten in punktierten Rhythmen zum Dramatischen, vom Arioso zum reinen Rezitativ, von der Auffächerung in komplexe Ensemblesätze zur Begleitung des gesamten Orchesters in intimen Szenen wie dem abschließenden Melodram, also einer Szene mit gesprochenem Text zur Begleitung des Orchesters:

Abdruck der Notenbeispiele mit freundlicher Genehmigung
von Schott Musik International Mainz.

84

1 Eine kuriose Parallelität im Gegensatz ergibt sich auch mit *Intermezzo* von Richard Strauss (1923), ebenfalls eine autobiographische, selbstverfaßte Ehekomödie, freilich weitaus spritziger, dabei aber auch ohne jeden Hintersinn. Der Komponist schreibt dazu Jahrzehnte später: »Der Sprung ins romantische Märchen und die starke Überreizung der Phantasie durch den schweren Stoff der *Frau ohne Schatten* erregte den Wunsch nach einer modernen, ganz realistischen Oper, den ich schon lange im stillen gehegt, von neuem, und acht Tage Aufenthalt in Dr. Kreckes Sanatorium ließen mich das *Intermezzo* niederschreiben.«

2 Viktor Krüger schreibt in einem Brief an Gertrud Schönberg am 10. August 1954 über Schönbergs erste Ehefrau Mathilde: »Schönberg brachte [damals, 1907 oder 1908] nur die Worte heraus: ›Meine Frau ist mit Kerzl (Gerstl) davon. Kommen Sie mit mir nach Gmunden, wir müssen sie finden.‹ Ich eilte mit ihm zu seinem Hause. Die beiden Kinder schliefen. Er nahm Trude auf den Arm, und kaum sie erwachte, fing sie an zu weinen. ›Mama kommt gleich‹, sagte Schönberg, um das Kind zu beruhigen. Da antwortete die Kleine: ›Nein, Mama kommt nicht mehr‹ ...«

3 Peter Naumann: *Untersuchungen zum Wort-Ton-Verhältnis in den Einaktern Arnold Schönbergs.* Köln 1988.

4 Alban Berg hat die Beziehung zwischen Lulu und Dr. Schön in seiner Oper *Lulu* gar als einen den dramatischen Situationen entsprechenden und die drei Akte überspannenden Sonatensatz komponiert.

5 Die Bezeichnungen der Arien werden im folgenden nach Peter Naumann, a.a.O., wiedergegeben.

6 »Pingpong«-Spiel nennen es die Straubs in einem Interview.

7 Das »Streit«-Duett, in dem es zum Eklat zwischen den Eheleuten kommt, beginnt in den Singstimmen mit diesen beiden Reihenvarianten. Beim Beginn der Verwandlung der Frau macht sie sich unmittelbar hintereinander diese beiden Versionen (G1 und U7) zu eigen.

8 Der Kommentar in der Gesamtausgabe hierzu: »Die Musik [zeichnet] auf, wie es um das beschworene Glück wirklich steht, bis zum allegorischen Erstarren der Reihe in den letzten Takten des Werkes.«

9 Vgl. auch T. 281: Der vorgetäuschte Entschluß der Frau (»Nun werde ich mir auch die Haare färben«) und T. 505: »Nur fürcht ich, den ersten vergißt man am schwersten«. Dort beginnt ihre Verwandlung und hier erinnert sie sich, warum sie das ganze »Theater« inszeniert hat.

10 Vgl. Naumann, a.a.O., S. 324 ff.

11 Diese lineare Kombination von G7 und U11 in der Singstimme und der folgenden semitonalen Sequenz nennt Naumann das Thema der »Beschwörung des Eheglücks«.

12 Hans-Heinz Stuckenschmidt in der *FAZ* vom 2. 3. 1974, S. 21. – Siehe Tabelle S. 72.

13 Schon angesichts von Bergs *Wozzeck* meinte Schönberg, der das Werk dennoch sehr schätzte, daß sich eine Oper besser mit Engeln als mit Soldaten beschäftigen solle.

14 Peter Naumann weist auf die Spuren hin, die die kontrapunktische Verwendung der Reihe in *Lulu* hinterlassen hat und auf die Weiterentwicklung der Formstruktur der Schönberg-Oper in *Lulu* (vgl. Anm. 4), auch darauf, daß Berg für einen Kanon zum 50jährigen Jubiläum des Frankfurter Opernhauses (dem Ort der Uraufführung von *Von heute auf morgen*) die ersten sechs Töne der Reihe von *Von heute auf morgen* verwendet.

»Eine Hexe, die eine Menge Energie verbraucht...«

Danièle Huillet & Jean-Marie Straub im Gespräch
mit Artem Demenok (Frankfurt, 11. März 1997)
und Robert Bramkamp (Saarbrücken, 18. Juni 1997)

Eine Montage

ARTEM DEMENOK: *Ist es richtig, daß die Idee zu diesem Film vor mehr als zwanzig Jahren entstanden ist, während der Arbeit an* Moses und Aron?
JEAN-MARIE STRAUB: Wir hatten die einzige Aufnahme, die es damals gab. Das waren schwarze Platten von Robert Craft, fast das gesamte Werk von Schönberg. Das haben wir 1965 gehört, und das hat uns stark betroffen damals. Und als wir mit den Schott-Leuten zu tun hatten zwei Jahre vor *Moses und Aron* wegen der Rechte, haben sie uns gesagt: Was können wir denn für euch tun? Da haben wir gesagt: Schenkt uns doch eine Partitur von *Von heute auf morgen*. Das war 1972. Es war nicht so: Wir wollen einen Film machen, das war immer unterirdisch. 1992 haben wir zu Gielen gesagt: Wie wäre es jetzt damit? Er hat uns gesagt: Ja, 1996 – dann bin ich frei, dann bin ich pensioniert und mache nur das für euch. Und zwei Jahre später machte er immer mehr und ist immer noch nicht im Ruhestand. Aber dann hat er sofort wieder in Baden-Baden angefragt, und die Leute haben ihm gesagt: Ja-ja. Und sie haben gesagt: Natürlich, wir schenken euch zehn Tage Orchester für Proben und Aufnahmen. Da hat er gesagt: Habt ihr die Partitur mal gesehen? Dann haben wir es allein in Wien versucht, als wir das hörten, und die Frau vom Orchester war nicht abgeneigt. Aber die Fernsehleute haben zwei Wochen später das alles in die Luft gejagt und gesagt, es kommt nicht in Frage. Da hatten wir kein Orchester, und der Schings hat hier beim Hessischen Rundfunk für das Projekt gekämpft und es mit dem Gerhartz durchgeboxt.
DEMENOK: *Vor zwei Jahren stand schon ganz fest, daß die Dreharbeiten im September 1996 stattfinden?*
STRAUB: Natürlich. Die müssen ja zwei Jahre vorher planen. Zur Zeit vom Bach-Film konnte man noch Musiker wie Wenzinger, Harnoncourt und Leonhardt sechs Monate vorher engagieren. Jetzt kriegt man den Gielen nicht unter zwei Jahren – im voraus. Und es geht um ein einfaches Orchester. Die Kulturindustrie wird immer fleißiger, macht immer mehr, immer schneller und immer schlechter.

DEMENOK: *Und woher kam das Geld?*
STRAUB: Das Geld? Wir haben kein Geld gehabt für den Film. Doch, ein bissel haben wir gehabt. Für uns war das viel Geld, aber für einen Film wenig – hundertfünfzigtausend Mark. Vom Hessischen Rundfunk. Das ist die höchste Summe, die sie überhaupt ausspucken können für eine Coproduktion.
DANIÈLE HUILLET: Für dritte Programme.
STRAUB: Sonst wurde alles verweigert beim Centre National de la Cinématographie, wurde alles verweigert bei La Sept, wurde dreimal verweigert bei Arte, Musikabteilung, wurde abgelehnt bei Channel Four und so weiter. Und es wurde sogar abgelehnt ein finanzieller Beitrag vom WDR, um dem Schings zu helfen. Also hatten wir als Bargeld nur die hundertfünfzigtausend Mark, so daß zum ersten Mal in unserem Leben wir einen Film drehen, ohne daß er ganz gedeckt ist. Denn wir haben immer nur angefangen zu drehen, wenn wir die volle Finanzierung hatten, die manchmal, wenn ein Film teuer war, wie *Moses und Aron*, aus sechs verschiedenen Quellen kam: aus Italien, Deutschland und Frankreich, und das hat manchmal Jahre gedauert, um das zu sammeln. Hier sind wir ins Wasser gesprungen, ohne die Finanzierung zu haben. Denn wenn man ein Jahr gewartet hätte, dann wäre das hier mit dem Orchester schon nicht mehr möglich gewesen. Wir hatten da eine Chance, ein Luxus, enorm, immerhin sieben volle Wochen Proben und Aufnahmen. Wenn man das nicht sofort in Anspruch genommen hätte, dann hätte man das nie wieder bekommen. Also haben wir Schulden gemacht.
DEMENOK: *Und wie haben die Fernsehanstalten ihre Ablehnung begründet?*
HUILLET: In Frankreich ein Film nach Schönberg, ach nicht so gerne, und besonders das nicht, weil das nicht bekannt ist, und auf deutsch, ach nein.
STRAUB: Aber auch die Schallplattenfirmen hier, die großen in Deutschland, haben dem Gerhartz eine Platte verweigert. Er hätte gern gehabt, daß er nicht nur den Film bekommt für so viel Zeit und sieben Wochen Orchester, sondern, wie man das so blöd nennt, aus Prestigegründen, daß er auch eine Schallplatte hätte. Und bis jetzt nichts. Die wollen davon nichts hören.[1] Die haben gesagt: Dieses Werk von Schönberg ist heutzutage vollkommen unbekannt. Aber das ist 'ne lange Geschichte, denn selbst der Boulez hat mal gesagt vor Jahren, das ist der einzige Fauxpas im Werk von Schönberg.
HUILLET: Im ORF, als die das verweigert haben, in Wien …
STRAUB: … ja, die haben das begründet, das sind die einzigen. Irgendwas Modernes, haben sie gesagt. Ich weiß nicht, vielleicht hätten sie *Die Soldaten*[2] geschluckt.
DEMENOK: *Haben die Fernsehleute überhaupt etwas von dieser Schönberg-Oper gehört?*
HUILLET: Nee, das glaube ich nicht.
DEMENOK: *Und sie hatten keinen Wunsch, sie bekannt zu machen?*

STRAUB: Unsere Unterstützung und die Hilfe und die Zusage war damals vom Rundfunk gekommen. Das Fernsehen hat immer quer geschossen.

HUILLET: Die haben gesagt: *Moses und Aron*, das war ein großes Thema ...

STRAUB: ... zumindest ein biblisches Thema. Hier ist es gar nicht ernst. Und – ja, altmodisch. Ja! Das haben die gesagt: altmodisch.

HUILLET: Ja, das ist eben nicht modern.

DEMENOK: *Eigentlich habt ihr auch ziemlich stark gegen das Fernsehen geschossen. Als ich das erste Bild in Schwarzweiß sah, da war ich sehr froh darüber und hab' mir vorgestellt, wie darauf die Fernsehleute reagieren werden. Die wollen mittlerweile keine Schwarzweißfilme mehr ausstrahlen.*

STRAUB: Das wußte ich gar nicht. Sowieso, hätten die mir gesagt, das geht nur als Farbfilm, dann hätte ich gesagt, gut, dann mache ich das nicht. Wir haben uns immer entschieden, ob 16 mm, ob Schwarzweiß oder Farbe, und das hatte zu tun mit dem Thema, mit dem Stoff und mit dem, was wir als Materie vorhatten. Und das war nicht beliebig. Hätte man uns gesagt, damals, macht *Moses und Aron* schwarzweiß, 16 mm, dann hätten wir gesagt, wir machen das nicht. Oder umgekehrt: hätte man uns gesagt, macht *Geschichtsunterricht* in 35 mm oder *Zu früh/Zu spät*, dann hätte ich gesagt, ich mache das nicht, das ist ein Film, der das Material 16 erfordert und nicht 35. Und auch wenn man mich bestochen hätte, hätte ich das nicht gemacht. Und in dem Fall war das Schwarzweiß und Schluß. Aber hier hat kein Mensch darüber gemeckert. Oder haben wir das auch gar nicht gemeldet?

HUILLET: Doch, doch.

STRAUB: Wir haben das ganz spät gesagt, als alles schon fest war: Wißt ihr übrigens, wir drehen den Film in Schwarzweiß. Aber kein Mensch hat den Mund aufgemacht, das muß ich sagen.

ROBERT BRAMKAMP: *Im Pressematerial des Hessischen Rundfunks steht, daß Ihr Film die erste Oper ist, die unter Live-Bedingungen gedreht wurde. Wie muß ich mir das technisch vorstellen?*

STRAUB: Das ist das Ei vom Kolumbus. Nein, ist es nicht, aber man hat uns gesagt, das wird nicht gehen. Die Sänger befinden sich in der Kulisse. Man angelt wie bei jedem Film. Jedem Sänger wird eine Angel, ein Mikro und natürlich ein Angler zugeteilt, der das Mikro nachführt. Zugleich sitzt vor der Kulisse ein Orchester.

BRAMKAMP: *Das live zur Filmaufnahme spielt?*

HUILLET: Ja.

BRAMKAMP: *Also immer wieder neu einsetzt?*

STRAUB: Einstellung nach Einstellung. Wir wußten ganz genau: Da fängt eine Einstellung an in der Partitur, da ist eine Zäsur oder Fermate oder Pause beim Schönberg und dann geht's weiter. Aber wir haben immer hart geschnitten. Ohne Vortakte oder so.

BRAMKAMP: *Wieviele Schnitte hat der Film?*

HUILLET: Der Film hat 64 Einstellungen. Mit den beiden ersten. Was die Partitur selbst betrifft, hat er 62.

BRAMKAMP: *Das heißt, ich stelle mir 62 einzelne Originalton-Stücke vor, die so aneinander geschnitten sind, daß ich eine fortlaufende Oper höre?*

HUILLET: Ja.

STRAUB: Wie du es von den anderen Filmen kennst, vom *Empedokles*.

BRAMKAMP: *Aber diesmal sind der Film und auch die Musik so derartig schnell, daß ich nicht an diese Möglichkeit gedacht habe.*

STRAUB: Der Tonmeister hat ein Jahr lang schlecht geschlafen. Ebenso wir und auch die Tonleute aus Frankfurt. Das eigentliche Problem liegt aber woanders. Das hat kein Mensch bisher versucht, weil immer die Gefahr besteht, daß zuviel Orchester-Ton auf das Band der geangelten Sänger durchschlagen kann, sogar durch die Rückseite der Mikros, und daß dieser Ton dann nicht mehr vom vollen Klang des Orchesters überdeckt werden kann.

BRAMKAMP: *Warum haben Sie den Film mit Mono-Lichtton gedreht?*

HUILLET: Weil wir beide Stereo hassen. Und Dolby hassen wir noch mehr. Und noch mehr hassen wir den sogenannten Surround-Dolbyton, bei dem man von hinten beschossen wird. Wo man plötzlich entweder Musik oder Gewehrschüsse auf den Nacken bekommt. Der Woody Allen, der hat keine Wahl, der muß Dolby machen, weil man in Amerika soweit ist, daß man sonst nichts mehr machen kann. Aber er nutzt die Dolby-Methode als Monoton! Wenn du zwei Leute auf einer Leinwand hast, was macht das für einen Sinn, die von links und rechts zu hören?

BRAMKAMP: *Sie hätten den Dolbyton nehmen können, weil er technisch besser aufzeichnet, und auch Mono nutzen können.*

HUILLET: Nein, das wollten die von Dolby-France nicht. Der »Chef« hat gesagt, besser ein guter Monoton, als ein mittelmäßiger Dolbyton! Auch vom Digitalton hat man so geschwärmt. Jetzt hat man entdeckt, was einige Musiker schon vorher wußten. Der ist zum Beispiel bei Klavieraufnahmen ganz schlecht, weil gewisse Harmonien nicht durchkommen. Und wenn du heutzutage eine MAZ machst und man sagt dir, das ist das Beste, was wir zur Zeit haben, und dann guckst du dir das an und sagst, was ist denn das für eine Scheiße? – dann antworten die: Ja, wir haben jetzt nur ein Viertel von den Informationen, die man auf einem Negativ hat, aber wenn wir die High Definition haben werden, dann werden wir eine Hälfte haben. Auch das verkauft man den Leuten als das Beste vom Besten. Man sagt ihnen nicht, daß es im besten Fall nur die Hälfte der Informationen sein wird.

STRAUB: Unsere Jalousien zum Beispiel kommen gar nicht durch. Die kann die MAZ nicht aufnehmen.

HUILLET: Die flimmern.

STRAUB: Wir haben bei den vier letzten Filmen gemerkt, daß die MAZ-Techniker sich nicht einmal um den Rahmen bemühen. Wir haben das schon bei *Cézanne* gemerkt. Wir hatten um den Rahmen der Bilder eine Wand drumherum, und die verschwand allmählich. Jedesmal, wenn wir auf Video einen Film vom Renoir oder vom Hitchcock sahen, den wir gut kannten, haben wir gemerkt, wie links, rechts, oben, unten etwas fehlte.

BRAMKAMP: *Sie würden aber eine Video-Kaufkassette mit* Lothringen! *und* Von heute auf morgen *auf den Markt bringen, um die Filme verfügbar zu halten?*

HUILLET: Das haben wir für einige Filme [3] gemacht. Aber jedesmal, wenn wir das machen, gehen wir daraus krank hervor.

DEMENOK: *Das Libretto wurde schon von der zeitgenössischen Kritik als literarische Bagatelle abgetan, aber dafür hat man die Partitur als Meisterwerk bezeichnet. Für euch jedoch sind Text und Musik gleichermaßen wichtig.*

HUILLET: Für Schönberg auch. Es hat doch keinen Sinn, wie kann man eine glänzende Partitur schreiben, wenn man den Text so verachtet. Außerdem hat er an dem Text auch mitgearbeitet. Das war zwar seine Frau …

STRAUB: Sie hat das geschrieben, und sie haben das dann gemeinsam geschliffen. Genau wie er erzählt, daß sein eigener Text von *Moses und Aron* erst beim Komponieren fertig wurde und noch umgeändert wurde. Deswegen gibt es dort den Unterschied zwischen dem Text des dritten Aktes, den er nicht komponiert hat, und dem Text der zwei vorigen Akte. Man merkt, das ist irgendwie – auch im guten Sinne, aber trotzdem – ein Entwurf. Und hier ist es natürlich sehr wichtig, es ist ein Text von einer Frau. Wir haben nur zwei Filme gemacht, in denen die Texte von einer Frau stammen. Der erste ist ein Sieben-Minuten-Film, der heißt *En rachâchant* auf französisch, das war Marguerite Duras. Der Schönberg macht doch keine Oper nach einem Text, den er verachtet. Das hätte er nie fertiggebracht. Aber das gleiche Klischee hörte man schon über den Text von *Moses und Aron*. Auch bei Leuten, die ich sehr schätze, wie Eisler und Brecht. Und bei lauter Idioten noch dazu. Das ist nicht Hölderlin, das ist was anderes, aber das ist trotzdem ein großartiger Text. Und hier … Es gibt keinen amerikanischen Film mit einem so präzisen, geschnitzten und verflochtenen Text wie dieser Text hier. Solche Dialoge! Ich bewundere die immer mehr – jedesmal. Wir haben immerhin zwölf Kopien kontrolliert.

HUILLET: Ich glaube, die Leute, die sagen, daß der Text schlecht sei, sind einfach ignorant.

DEMENOK: *Es ist gerade sehr interessant, wie diese Dialoge aufgebaut sind, wie die Leute zueinander, nebeneinander, aneinander vorbei und gleichzeitig reden.*

STRAUB: Es ist viel schwieriger, solche, sagen wir, Alltagsdialoge zu schreiben als was Literarisches, im Grunde.

HUILLET: Oder genauso schwer.

STRAUB: Braucht man nur den Lubitsch zu fragen. Er weiß davon. Er weiß darüber Bescheid.

DEMENOK: *Deshalb habe ich sofort an einige Filme von Hawks gedacht. Aber das bezieht sich nicht nur auf die Dialoge, sondern auf den ganzen Film.*

STRAUB: Ja, ich weiß, du hast mir gestern was gesagt über *Bringing Up Baby*, dann habe ich dir gesagt, nein. Das ärgert mich immer, wenn einer sagt, haben Sie an den und den Film gedacht, als Sie den Film gedreht haben? Denn wenn ich anfangen würde, während des Drehens an eine Sache zu denken von einem anderen oder an einen Film, den ich schätze, würde ich sofort aufhören. Ich hasse alles, was epigonal ist. Wenn man dreht, muß man wirklich die Leere, vollkommene Leere in sich schaffen. LEERE. Wenn man sie nicht schafft, dann ist das, was man macht, wahrscheinlich nicht viel wert. Auch wenn es den Schein hat. Deswegen habe ich so reagiert.

DEMENOK: *Aber indirekt kommt diese Erfahrung.*

STRAUB: Doch, ich kann dir sagen, ich habe heute nacht darüber nachgedacht. Und ich weiß nur, weil ich den Film gerade gesehen habe ... jetzt, nach fünfzehn Jahren, oder wie lange hatten wir den Film nicht mehr gesehen, *Bringing Up Baby*? Bestimmt fünfzehn Jahre lang. Und jetzt haben wir ihn wiedergesehen, nachdem wir den Film hier beendet hatten. Und das hat uns sehr gefallen. Und ich weiß, warum du daran gedacht hast. Das ist wahrscheinlich, weil das auch eine Kriegserklärung ist gegen die moderne Welt. Was da in diesem Park passiert am Schluß, hat tatsächlich was Gemeinsames. Sagen wir, politisch und moralisch ist das, was da am Schluß passiert zwischen den beiden, ziemlich verwandt. Ziemlich. Und das trifft sehr viel und das geht sehr weit. Man müßte das dem Schönberg zeigen.

HUILLET: Und es gibt eine andere Richtung, das ist *Haustyrann* von Dreyer.

STRAUB: Wie heißt das auf deutsch?

HUILLET: *Haustyrann*, habe ich doch gesagt[4]. Das fängt in der Küche an mit der Frau, die da arbeitet ...

STRAUB: ... und die Frau verschwindet und er muß Haushalt halten. Das ist ein Stummfilm von Dreyer, einer der allerersten. Und da merkt man, ein Mensch, der nichts mit Kino und mit Geld zu tun hatte, machte plötzlich etwas ganz Freies, vollkommen unabhängig von Wirtschaft und so weiter. Das ist eine Bombe.

BRAMKAMP: *Als eine Erweiterung Ihres Umgangs mit Gesten und mit expressiven Mitteln finde ich vor allem das Spiel von Christine Whittlesey interessant. Mit Blick auf das Ende von* Paris, Texas *haben Sie mal kritisch angemerkt, daß Nastassja Kinski sich da etwas zu oft mit den Händen durch die Haare fährt.*

HUILLET: Ja.

STRAUB: So! (*demonstriert es*) Das macht sie zehnmal!

BRAMKAMP: *Christine Whittlesey reißt die Augen weit auf, schließt sie, läßt ein Lächeln folgen. Dann wiederholt sie diese Abfolge, beinahe wie einen Ballettschritt. Bis man gerade erkennt, es steckt eine Regel in dieser Mimik. Aber gleichzeitig spielt sie mit Zügen einer amerikanischen Expressivität?*

HUILLET: Ja.

BRAMKAMP: *Ihren Augenaufschlag und Smile könnte man kalifornisch nennen?*

STRAUB: Sie kommt aber aus New York.

BRAMKAMP: *Jetzt passiert etwas Seltsames, wenn diese Mimik mit der Musik zusammenwirkt und ihrem gleichzeitigen Singen vor der Kamera.*

STRAUB: Das sind Wiederholungen, die gegliedert sind und nicht beliebig passieren. Gerade weil sie Amerikanerin ist, haben wir das erreicht. Und haben es deshalb versucht. Das hätten wir mit einer europäischen Sängerin nicht versucht.

BRAMKAMP: *Weil sie das amerikanische Training schon mitbrachte?*

STRAUB: Weil sie zum Beispiel so gerne ihre Zähne zeigt. Wir haben uns deswegen immer so gegenseitig aufgezogen. Während der Arbeit haben wir ihr gesagt: Jetzt wirst du deine Zähne nicht die ganze Zeit zeigen. Sondern nur hier und da, naja und so fort. Wenn wir jetzt auf der Straße spazierengehen oder die Frauen im Auto sehen, dann sag' ich immer der Danièle: Schon wieder eine, die ihre Zähne so gerne zeigt.

BRAMKAMP: *Sie arbeiten hier mit schnellen Wiederholungen, während sie bisher oft sehr sparsam mit Gesten umgegangen sind? Sie haben lange gewartet, bis dann beispielsweise ein Messer aus der Erde gezogen wurde?*[5]

STRAUB: Naja, nein. Bei Hitchcock passieren die Sachen meistens dreimal. Das hat der Truffaut schon gemerkt. Ich habe das nicht systematisch getrieben, aber man kann Sachen wiederholen, warum nicht? Außerdem passiert das in so einer Situation zwangsweise. Man muß es nur sortieren und wissen, wann etwas wiederholt wird. Das ist alles. Man kann es nicht vermeiden, daß es so ist. Auch nicht hinter der Scheibe der Peep-Show in *Paris, Texas*. Wenn sie das dreimal gemacht hätte und das hätte richtig gesessen ...

BRAMKAMP: *Wenn gleichzeitig ...*

STRAUB: Sie ist 'ne Hexe. Eine Hexe, die 'ne Menge Energie verbraucht, um etwas zu beweisen. Um sich durchzusetzen. Ja. Und so weiter.

BRAMKAMP: *Wer jetzt?*

STRAUB: Sie!

HUILLET: Die Christine.

STRAUB: Die Figur! Also.

BRAMKAMP: *Eine Hexe?*

STRAUB: Ja, natürlich.

BRAMKAMP: *Zumindest hat sie im Schlußbild eindeutig die Oberhand gewonnen. Sie steht dort, wo auf traditionellen Bildern eher der starke Vater stand: hinter dem Mann, der vor ihr auf einem Stuhl sitzt. Seitlich sitzt noch ein Kind am Tisch.*

STRAUB: Nicht alle Hexen hat die Inquisition erwischt.

DEMENOK: *Michael Gielen hat in einem Gespräch eure Arbeit als »Live-Aufnahmen gegen die Lüge« bezeichnet, und meiner Meinung nach deckt sich dieses Prinzip vollkommen mit der Geschichte im Film, die sich auch gegen die Lüge richtet.*

STRAUB: Ja, so ist es. Ich hoffe. Aber es gibt so viele Arten von Lügen und von Lüge. Es gibt eine, die der Bourgeoisie bequem war. Und diese Lüge ist die Femme fatale. Das ist ein Wesen, das natürlich den guten Bürger aus der hohen Schicht der Gesellschaft zugrunde richtet. Das ist einfach eine Fortsetzung der Hexenjagd. Die Inquisition hat dreißigtausend von solchen Frauen verbrannt. Jetzt kam die Bourgeoisie. Da wurde das Gleiche erfunden, aber das war angeblich ein so wunderbares Wesen, wie Nana von Zola oder Lulu von Wedekind, und trotzdem rächt man sich am Schluß: Die Frau landet in der Gosse oder sie stirbt ganz schrecklich, und der Mann, durch dieses zugrunderichtende Wesen am Rande des Abgrundes angelangt, kann sich natürlich retten. Das ist fast die Umkehr vom Thema der Hexen. Und das ist, was uns interessiert hat, und wahrscheinlich ist das auch bei Schönberg so gewesen. Ich behaupte, sie, die Gertrud, und er, abgesehen von dem autobiographischen Aspekt, hatten die Nase wirklich voll von diesem Lulu- und Nana-Thema und die haben sich quergestellt und wollten eben etwas anderes kundgeben. Und dieses andere fängt nach meiner Ansicht an mit dem *Hohen Lied der Liebe* und geht dann über Meister Eckart und Juan de la Cruz bis zu den Duetten von Bach – Liebesduetten. Es ist nicht anders, weil das eine kleinbürgerliche Familie mit einem einzigen Kind ist. Es sind wirklich mystische Beziehungen zwischen Mann und Frau da, mehr kann man gar nicht sagen. Und der Schönberg – trotz aller Verehrung für seinen großen Schüler Alban Berg, den ich nicht mag, ich schätze ihn, aber ich mag ihn nicht, und manchmal bewundere ich etwas von ihm, aber ich habe nie etwas von ihm gemocht, im Gegenteil, bei Schönberg fühle ich mich zu Hause – der Schönberg wußte, daß die Moden vernichtend sein können. Vernichtend. Daß sie ganz diffus werden können, wie Kriegsgas. Daß die Leute solche Moden einatmen und zum Krüppel werden, ohne es zu merken fast. Und daß es immer

43

42

39

schneller geht, das beschleunigt sich. Eine Mode wird immer kürzer. Eine jagt die andere. Wenn der Schönberg an den Kandinsky schreibt, 1923: »Heute ist es die Rasse; ein andermal ich weiß nicht was«, meint er wahrscheinlich, bewußt oder unbewußt, irgendeine Mode wird irgendwann fähig sein, ganze Schichten der Gesellschaft einfach auszuschalten. Mit der *mondialisation, globalisation* ist man soweit. Plötzlich wird erklärt, daß Zigtausende von Menschen nicht mehr gebraucht werden. Sie werden von einem Tag zum anderen – wie der Roßmann bei Kafka – als unbrauchbar erklärt. Und das kommt von Moden. Wirklich.

STRAUB: Der Schönberg war Jude. Als Gegensatz zur Figur der Lulu, als Gegenstück zum Mythos der Femme fatale, setzt er ganz einfach das Hohe Lied der Liebe. Warum nicht?
BRAMKAMP: *Ich finde, der Film beschreibt ein zweites Handeln, das darin nicht einfach aufgeht.*
STRAUB: Weil da eine Frau zu Theater und hexerischen Mitteln greift, um etwas zu erreichen? Wenn der Richard plötzlich singt: »Habe ich dich verloren?«, ist das wirklich für mich die mystische Nacht. Tut mir leid!
BRAMKAMP: *Gut, solche Momente gibt es im Film. Dann gibt es den, als die Frau singt: »Jetzt reißt mir die Geduld.« Ab da wird sie zu einem Handeln in Bezug auf Dritte gezwungen, das sie bis zu der Befürchtung bringt, daß sie sich an dieses Spiel verlieren könnte.*
STRAUB: Ja, daß sie es gewinnen könnte.
BRAMKAMP: *Ist das nicht ein anderes Lied? Auf jeden Fall beschreibt der Film diesen Reiz doch auch?*
STRAUB: Sie treibt da eine Verführung. Sie versucht, ihn zu verlocken, klar. Die Mystiker waren doch nicht Asketen. Obwohl, das Wort »Asket«, das hat einen ganz anderen Sinn. Den habe ich jetzt im Wörterbuch der Etymologie gesucht, weil in der *Saarbrücker Zeitung* stand, »der Asket Straub«, oder so ähnlich, »liebt die Askese«. Das hat mich so geärgert, daß ich nachgesehen habe. »Askese«, etymologisch, bei den Griechen, heißt: einen Beruf und ein Handwerk gut ausüben, die Dinge gut polieren, als Schreiner zum Beispiel oder als Töpfer. Also bedeutet es genau das Gegenteil von dem, was die Leute heute denken, wenn sie meinen, ein Asket ist einer, der hat kein Blut. Das war die Frömmigkeit vom 17. Jahrhundert, die das umgekippt hat. Die schlimme Frömmigkeit. Bis zur Peitsche auf sich selbst.
BRAMKAMP: *Sie zeigen ein seltsames Stilleben: Ein Cézanne-Bild[6] hängt an der Wand über einem Telefon und daneben steht ein Volksempfänger. Jedenfalls ein altertümliches Radio.*
STRAUB: Ungefähr die Zeit vom Goebbels.
BRAMKAMP: *Die beiden technischen Medien konnten dann kurze Zeit später die Plätze als Ansager tauschen?*

STRAUB: Was hatte der Goebbels als Propaganda-Maschine zur Verfügung, das arme Schwein? Nur das Radio. Wenn man das vergleicht mit heute!
BRAMKAMP: *Das Telefon hat auch einen Zeit-Index. In Ihrem Stilleben wirkt es noch nicht alltäglich, eher etwas unheimlich. Es steht schon bereit, Befehle durchzugeben, die nicht mehr unterschrieben sein mußten. Durchaus in einem weitgehenden Sinn?*

STRAUB: Ja gut. Man muß auch bedenken, daß die beiden das knapp vor dem Krach an der Wall Street beendet haben. Aber knapp. Danach ging's sofort auch in Weimar los. Und da sie wirklich gute Seismographen waren, war der Krach an der Wall Street keine Überraschung. Das sah man kommen. Wenn man so was in so einer Zeit macht, was scheinbar unpolitisch ist, und wenn das Juden sind, dann kann das nur auch drin stecken. Und das steckt drin. Besonders wenn man ein Musiker ist, wie Schönberg, der erklärt hat, daß er möchte, daß man in seiner Musik den Schrei, der durch die Welt geht, spürt.

BRAMKAMP: *Kann man sagen, daß* Von heute auf morgen *gegen das anwachsende Rauschen eine bestimmte Form von Polyphonie empfiehlt? Eine Art, gleichzeitig auf verschiedenen Ebenen anwesend zu sein und damit aktiv umzugehen? Natürlich zeigt der Film das als Film und nicht als Eins-zu-eins-Empfehlung. Aber auf der Leinwand sehe ich Gestalten, die tatsächlich so sind.*
STRAUB: Ja. Ich hoffe.
BRAMKAMP: *Wir spielen vielleicht nicht mehr nach der »Règle du jeu«, aber empfehlen Sie genau für diese Stelle diese Art von Wirklichkeit, die Ihr Film zeigt?*
STRAUB: Ja. Das wär' schön. Und das müssen wir. Sicher … Ich hoffe, es ist so. Bei jedem Film von uns war die Methode genauso wichtig wie das Thema und das Thema war genauso wichtig wie die Gefühle oder Erfahrungen, die von uns kamen, bevor das Thema da war und sich beides überkreuzte. Aber, wie gesagt: Die Methode haben wir immer geliefert. Und die ist jedesmal anders. Eine Methode, eine Oper zu verfilmen, haben wir geliefert mit *Moses und Aron*. Hier ist eine andere. Eine Methode haben wir geliefert für den Bach-Film und wo ist das Ergebnis davon? Keiner von unseren Kollegen hat das überhaupt wahrgenommen und benutzt.
BRAMKAMP: *Ich bin sicher, viele haben es wahrgenommen.*
STRAUB: Was? Wo? Der einzige Film, bei dem ich mir gesagt habe, wir haben doch nicht ganz für die Katz gearbeitet, das ist *D'est* von der Chantal Akerman. Die hat *Zu früh/Zu spät* gesehen, und für sie haben wir den Film nicht umsonst gemacht. Sie hat einen Film gedreht, der diese Methode benutzt, und hat doch einen ganz anderen und einen persönlichen Film gemacht. Das war nicht umsonst.

BRAMKAMP: *Das Gerücht, Ihr neuer Film* Von heute auf morgen *sei auch Ihr letzter, darf ich als taktisches Manöver werten?*

STRAUB: *(lacht)* Warum? Soll ich immer weiter machen? Ich sollte längst eine Rente haben, die ich nie kriege. Ich habe keine Altersversorgung, keine Krankenversicherung.

HUILLET: Außerdem ist die Energie, die man heutzutage braucht, um einen Film zu machen, noch viel größer als damals, als wir *Nicht versöhnt* oder *Chronik* gemacht haben.

STRAUB: Nicht nur bei der Finanzierung, sondern selbst bei der Organisation im Alltag, weil nichts mehr funktioniert. Nicht mal die Kommunikation.

HUILLET: Man kann Faxgeräte, Computer und so weiter haben, aber es funktioniert wirklich nichts mehr! Sobald man eine Sache nicht selbst macht, sondern delegiert, erlebt man eine organisatorische Katastrophe.

BRAMKAMP: *Der Rauschpegel steigt?*

STRAUB: Ja, ja.

HUILLET: Dementsprechend braucht man viel mehr Energie, viel mehr Zeit, viel mehr Kraft. Und wir werden älter. Also, wie lange kann man das noch machen?

STRAUB: Vielleicht machen wir noch einen Film auf italienisch.

BRAMKAMP: Von heute auf morgen *trägt jedenfalls nicht die Züge eines Abschiedswerks, sondern er öffnet, auch mit Perspektive auf Ihre vorangegangenen Filme.*

STRAUB: Ja, danke!

HUILLET: Aber wir machen jeden Film so, ich glaube, seit *Tod des Empedokles*, als ob er der letzte wäre. Weil wir wirklich nicht wissen, ob wir noch mehr Kraft haben. Das betrifft nicht nur das Filmen selbst, sondern auch die Zeit danach, damit die Filme wenigstens ein bißchen gesehen werden.

STRAUB: In so einer Welt das zu machen, wozu man Lust hat, und nichts anderes als wirklich das zu machen, erfordert eine gewisse Energie. Man freut sich, daß man nur macht, was man machen möchte, das ist ein Privileg in so einer Welt, aber der Preis dafür …

---

1 Im September 1997 ist eine CD erschienen. Siehe Hinweis auf S. 12.

2 Bernd Alois Zimmermann: *Die Soldaten. Oper nach J. M. R. Lenz*, 1965.

3 *Der Tod des Empedokles* und *Antigone* (in Deutschland) sowie *Moses und Aron* (in Frankreich).

4 *Du skal ære din Hustru*, 1925. Engl.: *Master of the House*. Dt. zeitgen. Titel: *Ehret Eure Frauen! Das Hohelied der Gattin und Mutter.*

5 *Der Tod des Empedokles*, Einstellung 31.

6 *Maisons sur la colline*, 1900–06.

1

16

49

100

PATRICK PRIMAVESI

Apokalypse im Familienmaßstab?

Anmerkungen zum Film *Von heute auf morgen*

Der neue Film von Danièle Huillet und Jean-Marie Straub ist in Schwarzweiß gedreht, wie all jene ihrer früheren Arbeiten, die ebenfalls in Deutschland entstanden sind: *Machorka-Muff* (1962), *Nicht Versöhnt oder Es hilft nur Gewalt, wo Gewalt herrscht* (1965), *Chronik der Anna Magdalena Bach* (1967), *Der Bräutigam, die Komödiantin und der Zuhälter* (1968), *Klassenverhältnisse* (1983). Vielleicht wird dieses ebenso einfache wie ungewöhnliche Faktum, die durchgängige Beziehung zwischen dem Material und dem Land des Drehortes, gerade von dem neuen Film her erhellt – geht es darin doch nicht nur um die Geschichte eines Ehepaares, das sich nach einigen pathetischen Eifersuchtsszenen schließlich wieder verträgt, sondern zugleich um einen Reflex der ökonomischen und politischen Spannungen in Deutschland um 1930. Der Film zeigt Arnold Schönbergs Oper in einem Akt *Von heute auf morgen* (op. 32), aufgeführt von vier Sängern und einem Kind sowie dem Radio-Sinfonie-Orchester Frankfurt unter der Leitung von Michael Gielen. Mit der Musik kommt aber auch der Text, das von Schönbergs Frau Gertrud verfaßte und anfangs noch unter dem Pseudonym ›Max Blonda‹ veröffentlichte Libretto, auf eine Weise zur Geltung, die es nicht mehr erlaubt, ihn wie bisher als belanglose Salonkomödie abzutun. Gerade im Hinblick auf die Beziehung zwischen Wort, Ton und Bild erweist sich diese Oper, die immerhin als das erste nach den Gesetzen der Zwölftontechnik komponierte Bühnenwerk 1930 (in Frankfurt am Main) zur Uraufführung gelangt war, als Einschnitt in der Entwicklung des modernen Musiktheaters. Die besondere Bedeutung des Werkes wird aber deutlicher noch, als die Opernbühnen es bisher vermochten, durch den Film von Huillet/Straub zu Tage gefördert. Mit ihrer Bearbeitung der Oper gehen sie einen neuen Weg, der auch von ihren früheren Schönberg-Filmen *Moses und Aron* (1974) und *Einleitung zu Arnold Schoenbergs Begleitmusik zu einer Lichtspielscene* (1972) zu unterscheiden ist. *Von heute auf morgen* kann als Revolution in der Geschichte des Opernfilms erscheinen, vor allem wegen des darin erstmals angewandten Verfahrens einer gleichzeitigen Aufnahme von Bild und Ton (worauf noch zurückzukommen ist). Gemeinsam mit dem Dirigenten und den Sängern erarbeiteten sich Huillet/Straub einen neuen Zugang zur musikalischen und szenischen Form vor allem durch sorgfältige Beachtung von Details: Bewegungen, Gesten, Blicke, Atmung, Pausen und Betonungen.

Ebenso wichtig für den Film ist jedoch sein Umgang mit dem Dekor. Im Hinblick auf den Raum und die szenischen Aktionen hielt sich die der Dreharbeit vorausgehende Inszenierung im Sendesaal des Hessischen Rundfunks durchaus nicht immer an die Vorgaben der Partitur. Zu berücksichtigen ist in diesem Zusammenhang, daß Schönberg zwischen den ersten Entwürfen des Textes, an dessen Entstehung er von Anfang an beteiligt war, über verschiedene Notizen und briefliche Äußerungen bis hin zur endgültigen Druckfassung der Partitur gerade die Raumbeschreibungen und Szenenanweisungen variiert hat. Wie sich im einzelnen verfolgen läßt, gründet die Filmarbeit von Huillet/Straub in einer kritischen Lektüre der Partitur, aber auch des Textes und seiner Vorstufen.

Raumkonstruktionen

Das früheste, wohl auf August 1928 zu datierende und von Schönberg selbst verfaßte Manuskript zu diesem Projekt enthält neben dem stofflichen Vorwurf einer Ehekrise und der Konzentration auf Dialoge und kleine Gruppen (der Titel der Skizze lautet: »Gespräch zu zweit, zu dritt, zu zweit und dann wieder zu dritt«) auch bereits Angaben zum Raum der Handlung: »Die Bühne stellt einen kleinen veranda-artigen Raum dar, dessen Gartenöffnung vorn gegen den Zuschauer zu denken ist. An der Rückwand, die ihn gegen die Hinterbühne abschließt steht ein Gartensofa aus violett gestrichenem Holz; weich gepolstert [.] Rechts und links davon Öffnungen, davon eine ein Fenster, die andere eine Thür. Einfach, ohne Zierrat, glatte Läden, weiß gestrichen. Vor dem Sofa ein Gartentisch, einige Fauteuils; auf dem Tisch Vase mit Blumen. an den Wänden Blumentöpfe auf Holzgestellen. Die Wand hinter dem Sofa von grünen Schlingpflanzen bedeckt. Der Eindruck des Ganzen hell, freundlich.«[1] Diese erste Konzeption des Raumes enthält also bereits eine Situation des *Übergangs*, zwischen Innen und Außen, Haus und Garten, wobei der Zuschauer auf der Gartenseite gedacht ist, ›von außen‹ in den Raum der Veranda hineinsehend. Die Beschreibung des Bühnenraumes in Libretto und Partitur ist jedoch völlig verändert: »Ein modernes Wohnschlafzimmer: die Schränke eingebaut, die Betten herausziehbar. Im Hintergrund eine Glasschiebetür zu Veranda und Garten. – Es ist finster.« Die Zuschauer sehen nun aus dem Zimmer, durch es hindurch, auf die Veranda – der Ausgangspunkt ihrer Perspektive befindet sich also nicht mehr im Garten, sondern im Haus. Mit dem Hinweis auf Schiebetür, Einbauschränke und Klappbetten legt Schönberg nahe, daß der Wohnraum des Ehepaars bereits ganz der Einheit von Mode und Funktionalismus angepaßt ist. So erhält, was doch im gesungenen Text wie auch in der Musik ironisch unterlaufen und

Schlußszene der Uraufführung, Frankfurt/M. 1930 – die beiden Paare stehen aufgereiht im »modernen Wohnschlafzimmer«: (von links) Else Gentner-Fischer, Benno Ziegler, Elisabeth Friedrich, Anton Maria Topitz und als Kind K. Nitzschker.

aufgebrochen wird, auf der Bühne die Funktion eines bleibenden Rahmens. Das Ende der Geschichte, die auf eine Verwerfung aller modischen Zwänge hinausläuft, bleibt gleichwohl, da eine Verwandlung des Raumes nicht vorgesehen ist, eingesperrt ins Dekor des »modernen Wohnschlafzimmers«. Diese Konsequenz verdeutlicht das Bühnenbild, das Ludwig Sievert für die Frankfurter Uraufführung der Oper in einer Mischung aus Bauhaus und *Art Deco* gebaut hatte. Den Anweisungen der Partitur gemäß war das sichtbare Geschehen der Oper auf einen Raum festgelegt, dessen moderne Einrichtung (Klappbetten, Stahlmöbel und ein Tisch auf Rollen) bereits das Prinzip der schnellen Wandelbarkeit verkörperte, wie es auch ein ansonsten eher enttäuschter Kritiker der Aufführung lobend erwähnte: »[...] das Wohn- und Schlafzimmer im Bauhaus-Stil mit dem in die Wand eingelassenen Doppelbett, das ein einziger Griff gebrauchsfertig macht, und mit zahlreichen anderen Finessen des neuesten Wohnstiles.«[2]

Verwandlung ist bereits der Motor der Fabel, nicht erst ihrer Inszenierung. Das Geschehen der Oper dreht sich um eine nächtliche Ehekrise, ausgelöst durch die Begegnung eines Paares mit attraktiven Rivalen. So wird das Stück eröffnet durch die Rückkehr der Eheleute von einer Abendgesellschaft und die damit verbundenen Erinnerungen: der Mann schwärmt von einer schönen Dame, der früheren Schulfreundin seiner Frau. Diese hält dagegen die Verführungskraft eines berühmten Tenors, dessen Stimme sie verzaubert habe. Aber sie geht noch weiter: mithilfe fremder Kleider verwandelt, spielt sie plötzlich die »Frau von heute«, die jede Verantwortung für Kind und Haushalt zurückweist und nur noch flüchtige Beziehungen eingehen will, um ihr »eignes Leben« zu leben. Da ihr nun der Mann aufs neue verfällt und in seiner Verzweiflung der anderen Frau entsagt, macht sie ihre Verwandlung rückgängig und gesteht, daß die Kleider eigentlich für einen Auftritt der Schwester des Mannes, einer Tänzerin, bestimmt waren. Die beiden sind bereits einträchtig mit dem Kind um den Frühstückstisch versammelt, als die Bekannten vom Vorabend hereinplatzen und einen letzten Verführungsversuch wagen. Sie müssen jedoch wieder abziehen, und am Ende steht die vieldeutige Frage des Kindes: »Was sind das, moderne Menschen?« Was in den beiden zentralen Szenen geschieht, in denen sich die Frau zum Entzücken wie auch zum Erschrecken ihres Mannes verändert, ist nicht bloß Kostümierung und Wechsel der Staffage. Daß die Frau sich mit den Kleidern einer Tänzerin schmückt, geht weit über die Effekte des selbst schon bühnenhaft auf Veränderung ausgelegten, eben darin modischen Interieurs hinaus, als welches Schönberg das »moderne Wohnschlafzimmer« charakterisiert hatte. Wenn aber der umgebende Raum schon vom Imperativ der Variabilität beherrscht ist, kommt die Verwandlung der Frau kaum mehr als das zur Geltung, was sie auf dem Theater sein könnte: ein Spiel mit Masken und Gesten, das nicht nur die Ansprüche der Mode, sondern zugleich diejenigen einer konventionellen, illustrierenden Darstellung unterläuft. Schon im Text ist ja ein selbstbezügliches Moment des theatralen Spiels angelegt, wodurch die – von der Kritik oft als konservativ und bieder abgetane – Zurückweisung der Mode ironisch zugespitzt wird. Dabei erhält sie, auch unabhängig von den stofflichen Momenten der Handlung, eine analytische Schärfe, die mitunter der Musik gleichkommt.

Im Libretto zu *Von heute auf morgen* manifestiert sich eine prinzipielle Funktion des Theaters als Schauplatz, die Rollenspiele und auch die Raumwahrnehmung des alltäglichen Lebens in sich aufzuheben und zu brechen. Von Anfang an geht es um die Konfrontation des sichtbaren Raumes mit einem utopischen Ort des Begehrens. »Schön war es dort!« singt der Mann, wenn er die Erinnerung an die fremde, verführerische »Frau von Welt« gleichsam als Trophäe im Wohnzimmer zu beschwören versucht: »Ja, das war ein entzückend lebendiges Weib! Sie geht mir nicht aus dem Kopf. Diese Augen, dieser Mund, diese herrlichen Zähne, diese schmiegsame Gestalt!« Die scheinbare Selbstgenügsamkeit dieses Erinnerns (»Geh doch indes schlafen!

Du weißt, ich überdenke gern die Erlebnisse des Tages.«) wird von der Ehefrau sofort durchschaut und durchkreuzt, indem sie die Verzückungen ihres Mannes als Selbsttäuschungen bloßstellt. Was sich von da an entfaltet, ist nicht nur ein Streit um die Ehe oder um ein von der Mode diktiertes Verlangen nach Abwechslung und flüchtigen Bekanntschaften. Entscheidend ist weniger eine reale Bedrohung durch Rivalen als das riskante Spiel ihrer beschwörenden, halluzinativen Vergegenwärtigung. Dabei ist die Beziehung des Mannes und der Frau von einer Umkehrung der Perspektiven gekennzeichnet: zunächst ist es der Mann, der im familiären Wohnzimmer den utopischen Ort seines Begehrens als eine Art Fluchtpunkt verteidigt, als ein ihm vorbehaltenes Territorium. Diese phantasmatische Überhöhung seiner alltäglichen Existenz wird von der Frau vereitelt, die ihre Begegnung mit dem Sänger, der »fremden Stimme«, ins Feld führt und darüberhinaus die Einheit von Hausfrau und verführerischem Weib behauptet: »Jede Frau kann beides!« Darin liegt ein agonaler Sinn dieser Krise – der Wettstreit dreht sich um die Fähigkeit, mit dem Wechsel zwischen verschiedenen Rollen zu spielen und gerade durch diese Überschreitung das Begehren des anderen zu bannen. Dramaturgisches Prinzip dafür ist jedoch die entstellte Wiederkehr des Bekannten. In ihrer musikalischen Motivik wie in ihrer sprachlichen Gestalt bestehen nicht nur die Fremden, sondern auch die Eheleute selbst im wesentlichen aus Zitaten, Klischees und Phrasen. Mit deren oft absurder Übersteigerung geht es um die Darstellung eines von *Werbung* determinierten bürgerlichen Lebens, zugleich aber um eine mystische Form von Transzendenz, eine gerade der verrufensten Phrase innewohnende Spannung zwischen Angst und Hoffnung. So erweist sich als kaum verhüllte, durchscheinende Kehrseite der komischen Dialoge eine Erfahrung von Verzweiflung und plötzlicher, den Schrecken augenblicksweise aufhebender Rettung.

Daß Schönberg sich eines Oszillierens seiner Oper zwischen Banalität und tieferer Bedeutung bewußt war, ist auch angesichts der Ironie kaum zu bezweifeln, mit der er im Interesse an einer raschen und erfolgreichen Uraufführung den Anspruch seines Werkes verleugnen konnte: »Das Stück ist einaktig, dauert beiläufig 45-55 Minuten, alles spielt in einer einzigen Szene; Zimmer, keine Beleuchtungs- oder sonstige Materialschwierigkeiten, keine Kostüme, moderne Kleidung. Es ist eine heitere bis lustige, manchmal sogar (ich hoffe wenigstens) komische Oper; nicht grotesk, nicht anstößig, nicht politisch, nicht religiös. Die Musik ist so schlecht wie immer bei mir: nämlich meinem geistigen und künstlerischen Zustand angemessen.«[3] In genauem Gegensatz zu dieser beinahe spöttischen, den Anforderungen eines zeitgemäßen Spielbetriebes angepaßten Werbung für sein neues Werk steht, was Schönberg ein halbes Jahr später dem Frankfurter Dirigenten Hans

Das Frankfurter Opernhaus: Blick in den noch unzerstörten Zuschauerraum.

Das Frankfurter Opernhaus: Der Zuschauerraum nach der Bombardierung.

Steinberg über den Hintergrund der Oper verriet: »Der Ton des Ganzen soll eigentlich immer recht leicht sein. Aber man wird es fühlen dürfen, oder ahnen sollen, daß hinter der Einfachheit dieser Vorgänge sich einiges versteckt: daß an der Hand alltäglicher Figuren und Vorgänge gezeigt werden will, wie über diese einfache Ehegeschichte hinaus das bloß Moderne, das Modische nur ›von heute auf morgen‹ lebt, von einer unsicheren Hand in den gefräßigen Mund, in der Ehe, wie nicht minder in der Kunst, in der Politik und in den Anschauungen vom Leben.«[4] Deutlicher läßt sich die Konsequenz kaum benennen, mit der diese Oper die Funktion der Mode in der Darstellung alltäglicher Konflikte reflektiert und die fatale Macht des nur ›von heute auf morgen‹ Gültigen vorführt. So kommen ihr nun genau jene Attribute zu, die Schönberg im früheren Brief noch verneint hatte: sie ist durchaus *grotesk, anstößig, politisch* und *religiös*. Daß sich diese Bedeutungen gegenseitig bedingen, kann die Frage nach dem Raum und seiner das Geschehen determinierenden Funktion erweisen.

Aufschlußreich dafür ist jener Text von Theodor W. Adorno, der 1930 als Kritik der Uraufführung erschienen war und der zugleich die erste fundierte Auseinandersetzung mit der Oper enthielt. Adorno begegnet zunächst dem in anderen Kritiken erhobenen Vorwurf einer Unverständlichkeit der Oper, indem er die utopische Kraft der Komposition gerade aus ihrer Beziehung zu dem als banal empfundenen Libretto ableitet. In dem Zusammenhang kommt er auch auf die Wahrnehmung des Raumes zu sprechen. Als Herausforderung eines anderen, zukünftigen ›Verstehens‹ werde sich das dialektische Verhältnis von Wort und Musik erst durchschauen lassen, »wenn die Bürgerwelt, die darin der antithetischen Musik überantwortet ist, der Geschichte gehört. Dann wird sich zeigen, daß dies Bürgerzimmer in die Hölle gestellt ward, deren Gelächter aus Wandschränken widerhallt, deren dienende Geister im aufklappbaren Bett miteinander schlafen, deren Licht auf der elektrisch erhellten Estrade fluoresziert, wo die Frau sich zeigt, strahlend ihren Mann zu verführen.«[5] Was mit Schönbergs Raumentwürfen und ihrer Realisierung auch für den Film auf dem Spiel steht, ist die Frage nach einer Perspektive, in der die bürgerliche Welt in ihrer katastrophalen und nicht bloß lächerlichen Wirklichkeit erscheinen kann. Das hat schärfer noch als Adorno Hanns Eisler benannt: »Die Menschen, die in dieser Oper agieren, Kaffee trinken und schließlich einen öden Konflikt mit einem Tenor auf Hausmannsart in Ordnung bringen, erscheinen durch die Musik wie die zukünftigen Besucher der Luftschutzbunker, wie die Verzweifelten in den zerstörten Städten.« Als Resultat von Schönbergs Kompositionsmethode, die weit über seine Absicht hinausreichte, eine ›flotte Oper‹ zu schreiben, sieht Eisler *eine Art Apokalypse im Familienmaßstab*. In diesem Sinne hatte er schon früher auf den visionären, prophetischen Charakter der Oper verwiesen, »[...] in der ganz einfache Sätze vom Kaffeetrinken oder von der Kindererziehung in so merkwürdiger Weise gesungen werden, daß man glaubt, todkranke Hyänen miteinander sprechen zu hören. Dieses Werk ist von so großer technischer Vollendung, daß dieser Eindruck zwingend wird. Wenn Schönberg in seiner Oper Alltagsdinge besprechen läßt, so meidet er die falsche biedermännisch-spießbürgerliche Art, in der solche Gespräche noch in Pfitzner- und Strauss-Opern geführt werden. Denn er empfindet, bewußt oder unbewußt, daß in der modernen kapitalistischen Gesellschaft naive Beziehungen zwischen Menschen nicht mehr vorzufinden sind, daß die kapitalistische Lebensform der Kampf aller gegen alle ist, der sich auch in den kleinsten Lebensäußerungen ausdrückt. Wohlgemerkt, das ist das Weltbild des *Bürgers* Schönberg, der nichts ahnt von Klassenkampf und Solidarität und der die Welt vom Standpunkt des isolierten Künstlers aus betrachtet.«[6] Daß aber nach dem Scheitern dieser für Eisler noch denkbaren Auswege aus einer bürgerlichen Welt nicht viel mehr als ein destruktives Chaos des Marktes übrigbleibt, könnte inzwischen, freigelegt durch geschichtliche Prozesse, als der eigentliche, Text und Musik auseinandertreibende Gehalt der Oper *Von heute auf morgen* erscheinen. Das apokalyptische Moment ist jedenfalls nicht auf den Maßstab der Familie zu begrenzen, betrifft von deren Krise ausgehend auch die Utopie ›neuer‹ Gesellschaftsformen. Wenn Schönberg noch versuchen konnte, den Raum des Bürgers in die Unwirklichkeit einer technischen und den Ausstattungsmoden der zwanziger Jahre gemäßen Perfektion zu entrücken (ihn damit, wie Adorno schreibt, dem Urteil der Zukunft überantwortend), scheint eine solche Lösung für gegenwärtige Inszenierungen ausgeschlossen. Die Frage bleibt, wie sich der von Schönberg dargestellte Terror der Moden inszenieren ließe, ohne durch abbildende Verdopplung modischer Stile ins Harmlose abzugleiten. Mit der Gestaltung dieses Raumes wird aber auch der Rahmen festgelegt, in dem der *theatrale* Prozeß der Verwandlung stattzufinden hätte.

Das Bühnenbild, das Huillet/Straub zusammen mit Max Schoendorff für die Aufnahme des Films im Sendesaal des Frankfurter Funkhauses konstruiert haben, entsprach weitgehend dem Aufbau traditioneller Guckkastenbühnen: eine als Wohnraum eingerichtete Spielfläche, begrenzt von Kulissen, die den Eindruck einer einfachen Parterre-Wohnung mit Veranda geben. Die Szenenbeschreibung in der französischen Ausgabe des Filmdrehbuchs enthält eine ausführliche Schilderung des Dekors: »Nacht – Wohnzimmer im Erdgeschoß, erleuchtet; im hinteren Bereich die Veranda mit einer seitlichen Tür zu dem an der Straße gelegenen Garten; vor der Veranda der rechteckige, für das Frühstück gedeckte Tisch mit zwei Bänken und zwei Hockern (einer davon für Kinder) an den äußeren Enden; auf der rechten Seite eine Zwischenwand mit einer Tür zu dem Gang, wo sich die Tür zur Küche befindet; eine Kommode mit dem Radio, dem Telephon und einer noch dunklen Lampe; eine weitere Tür – geöffnet – zum dunklen Schlafzimmer; auf der linken Seite die Außenwand, ein Kleiderschrank und ein Ofen; eine erleuchtete Stehlampe; davor: ein kleiner runder Tisch, neben dem links und rechts ein Sessel steht; die Veranda hat Jalousien, die herabgelassen sind (die rechte Seite des Fensters ist jedoch frei, so daß man draußen einen Baum sehen kann). Vor der vierten, offenen Seite das Orchester sowie links und rechts die beiden ersten Kamerapositionen.«[7] Dieser Raum hat kaum etwas gemeinsam mit dem von Schönberg angedeuteten »modernen Wohnschlafzimmer«, übernimmt aber Elemente des (schon zitierten) Entwurfs, wo es hieß: »an den Wänden Blumentöpfe auf Holzgestellen. Die Wand hinter dem Sofa von grünen Schlingpflanzen bedeckt.«

Zwar gibt es im Film kein Sofa mehr (das ein früherer Drehbuchentwurf noch vorgesehen hatte), Blumentöpfe und Pflanzen bedecken aber einen Großteil der hinteren Verandawand. Die Holzmöbel und die mit einem Rautenmuster überzogene Tapete sind keineswegs ›modern‹ im Sinne der zwanziger Jahre, erinnern mit ihrer soliden Schlichtheit eher an den Einrichtungsstil der folgenden Dekaden. Wenn die Ausstattung auch durch die Wahl eines Radios von der Art der Volksempfänger sowie eines alten schwarzen Telephons mit Hörergabel (und ohne Wählscheibe) eine historische Atmosphäre schafft, fehlt ihr doch jede Prätention auf naturalistische Genauigkeit, mit der das im Film Sichtbare *eindeutig* zu datieren wäre. Im Unterschied zu der von Schönberg vorgeschlagenen und von Sievert gestalteten Scheinwelt eines modernen Luxusappartements ist der geschichtliche Hintergrund der Oper zwar zu ahnen: die unmittelbar bevorstehende, die moderne Konsumwelt erschütternde Wirtschaftskrise ebenso wie der in Deutschland an Einfluß gewinnende Faschismus. Dennoch läßt der Film von Anfang an keinen Zweifel an der Künstlichkeit dieses Spielortes, indem seine erste Einstellung den Sendesaal mit dem Orchester, den aufgebauten Kulissen und dem technischen Apparat von Beleuchtung und Mikrophonen vorführt. Die Kamera schwenkt über die Musiker und den Dirigenten auf die andere Hälfte des Saales, die leeren, ansteigenden Sitzreihen, und von hier aus in einem Radius von 250° wieder zurück auf die Szene. Währenddessen hört man, wie die Instrumente des Orchesters gestimmt werden, durcheinanderspielen und auf einen Ton zusammenkommen. Nun folgt schon im Vorspann die Zäsur des Films, seine einzige Außenaufnahme, die auf einer Mauer in Frankfurt entdeckte Frage: »Wo liegt euer Lächeln begraben?!« Dadurch ist, noch bevor der Titel »Von heute auf morgen« erscheint, ein Raum des Sichtbaren

eröffnet, der ebenso wie der akustische Raum der Tonaufnahme größer ist als der Spielort der Bühne. Wenn Huillet/Straub nun erstmals einen Film beinahe vollständig in dem ›Käfig‹ einer Studiosituation gedreht haben, so hält doch ihr Umgang mit dem Bühnenbild einerseits, der Konstruktion eines aus Blicken und Perspektiven zusammengesetzten Raumes andererseits die Erfahrung ihrer früheren Arbeiten gegenwärtig.

Proben und Dreharbeiten

Der Film *Von heute auf morgen* ist schon durch die Art seiner Entstehung außergewöhnlich. So gehörte zum notwendigen, aber keineswegs selbstverständlichen Aufwand dieser Arbeit die lange Probenzeit, deren erste Phase mit einer konzertanten Aufführung im Juni 1996 abgeschlossen wurde. Während der Dreharbeiten im September gab es die Möglichkeit, alle Einstellungen mit den Sängern vorzubereiten und dann mit dem Orchester so lange zu wiederholen, bis das Ergebnis den hohen Ansprüchen an die musikalische und szenische Ausführung genügte und auch von der Aufnahme her gelungen war. Dabei bewährte sich die präzise Arbeit des Kameramanns William Lubtchansky, mit dem die Details der Bildausschnitte immer wieder besprochen wurden. Der digital aufgezeichnete Ton war direkt nach dem Drehen abzuhören, während das belichtete Filmmaterial jeweils erst zu einem Kopierwerk in Paris gebracht und wieder abgeholt werden mußte, damit man die Muster in den folgenden Tagen in Frankfurt, im Kinosaal des Deutschen Filmmuseums, ansehen konnte. Modellhaft ist diese Produktion auch in ihren von Partitur und Text ausgehenden Vorarbeiten. Zunächst wurde ein Schnittplan erstellt, der die einzeln aufzunehmenden Einstellungen des Films mit den Gegebenheiten der Partitur koordinierte: die Dauer der jeweiligen Einstellung richtete sich nach Pausen und Zäsuren im musikalischen Geschehen. Die Einschnitte waren, wie Straub es mehrfach geschildert hat, nicht beliebig zu setzen, sondern herauszufinden als die »Adern« im Gestein des Werkes, als die sozusagen unter der Oberfläche der Komposition verborgenen schmalen Fugen, die eine Trennung und erneute Verbindung von Tonsequenzen ermöglichen würden. Das sind vielfach Stellen, an denen die Sänger Atem holen und neu ansetzen, da es in der Oper kaum längere rein instrumentale Partien gibt. Mit Rücksicht auf die spezifische Dynamik und Ökonomie der Musik ergaben sich insgesamt 62 Abschnitte der Partitur für die entsprechenden Einstellungen, deren Dauer zwischen wenigen Sekunden und mehreren Minuten variiert. Wie in ihren früheren Filmen stand für Huillet/Straub die Auseinandersetzung mit dem zu singenden oder zu sprechenden Wort, seinem Rhythmus und jeweils spezifischen Gehalt im

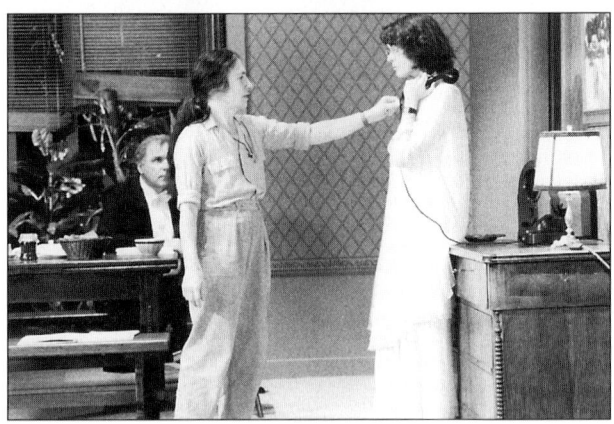

Zentrum der Arbeit. Auch in der ersten Arbeitsphase, auf der provisorisch aufgebauten Bühne im Frankfurter Funkhaus, ging es vor allem um die Ökonomie der Worte und Gesten. Die Partitur des Stückes verlangt neben der Beherrschung des musikalischen Materials eine große Genauigkeit und zugleich Beweglichkeit der gesanglichen Darstellung. Hinweise zum mimischen und gestischen Charakter des Vortrags wie etwa »geziert, schleppend, sehr ›geistvoll‹« verdeutlichen das auch in anderen Werken Schönbergs begegnende Problem, die Darstellung von Nuancen und mehrdeutigen Äußerungen genau festzulegen. Insbesondere Schönbergs Versuch, seine dodekaphone Kompositionstechnik und seine spezifische Vorstellung von *Sprechgesang* auf das Theater und die Form des komischen Operneinakters anzuwenden, bleibt angewiesen auf eine phantasievolle, aber nicht exaltierte Intonation. Die in jeder Hinsicht extremen Anforderungen, die seine Oper an die Sänger stellte, hat er offen benannt: »Sowohl im Gesanglichen, wie auch im Schauspielerischen sollen sie stets nobel bleiben, niemals auf Kosten gesanglicher Schönheit charakterisieren, niemals übertreiben, immer lieber zu blaß, als roh, lieber humorlos, als diese widerliche Komik, die hier in Berlin grassiert. [...] Ich glaube, verläßlich erlernen können nur solche Sänger diese Partien, welche sie vom Blatt singen und absolutes Gehör haben.«[8] Daß die im Film *Von heute auf morgen* auftretenden Sängerinnen und Sänger ein hohes Maß der geforderten Präzision erreichten, ist aber auch der engen Zusammenarbeit von Dirigent und Regisseuren zu danken. Huillet/Straub hatten während der Dreharbeiten immer Partitur und Dialogtexte vor sich liegen und zusätzlich einen Kopfhörer zum Mithören der laufenden Aufnahme.

Zu den Vorbereitungen der Produktion gehörte schließlich die genaue Planung der zur Verfügung stehenden Drehtage: vormittags die Einrichtung der Szene mit Mikrophonen und Beleuchtung, wobei durch Blenden oder Reflektoren Helligkeit und Schattenwurf abgestimmt wurden. Darauf folgten Proben mit den Sängern, dem Dirigenten und einer Klavierbegleitung, sowie die Mischung der Aufnahmen vom Vortag, nachmittags Drehen mit Sängern und Orchester und am späten Abend Anschauen der Muster im Filmmuseum. Unterbrochen von den Sonntagen und von einer konzertanten Aufführung in der wiederaufgebauten Alten Oper Frankfurt (wo 1930 auch die Uraufführung stattgefunden hatte) blieben 15 Tage, an denen zwischen zwei und sieben Einstellungen zu drehen waren. Da von vornherein feststand, daß die gleichen Arbeitsbedingungen zu keinem anderen Zeitpunkt wiederherzustellen wären, mußte allen Eventualitäten weitgehend vorgebeugt werden. So wurden von jeder Einstellung möglichst zwei brauchbare Aufnahmen gedreht, auf verschiedenen Filmkassetten, damit nicht bei Mängeln oder

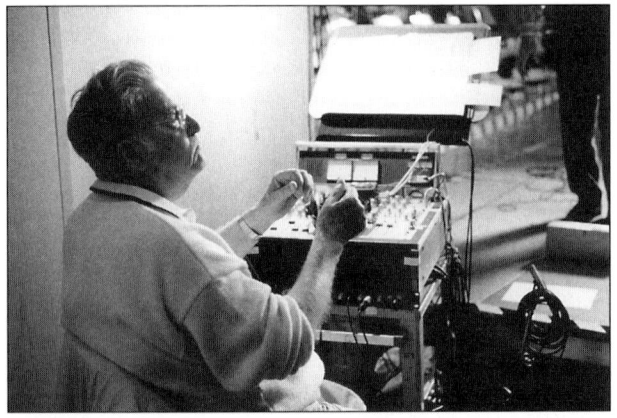

Fehlern im Kopierwerk die ganze Arbeit gefährdet wäre. Wenn man bedenkt, daß bei den einzelnen Einstellungen Orchester, Sänger, Beleuchtung, Kamera, Mikrophone und Tonaufzeichnung gleichzeitig zu funktionieren hatten, erscheint die durchschnittliche Anzahl von zehn Versuchen bzw. ›Takes‹ nicht besonders hoch. Gleichwohl kommt damit die extreme Belastung zum Ausdruck, die die Dreharbeiten für alle Beteiligten bedeuten mußten, eine ständige Beanspruchung der Kräfte bis zur Grenze des Möglichen und – nicht ohne Konflikte – auch noch darüber hinaus.

Die gleichzeitige Aufnahme von Ton und Bild erforderte eine Zusammendrängung des ›Apparates‹ am Drehort: zwischen der auf erhöhtem Podium aufgebauten Bühne und dem Orchester blieb nur ein schmaler Streifen für Kamera, Mikrophone und das mit Stellwänden verdeckte Mischpult von Louis Hochet. In der Vorbereitungsphase hatte seine Arbeit darin bestanden, den Einsatz der Mikrophone zu planen, die dann während der Aufnahme von insgesamt drei Assistenten mit Tonangeln den Sängern vorgehalten wurden. Die Tücken dieser für den Originalton unerläßlichen Vorgehensweise waren bei den Dreharbeiten zu beobachten, wenn etwa plötzlich Mikrophonschatten auf den Zimmerwänden auftauchten, die dann durch Blenden und Kaschierungen verhindert werden mußten. Während des Drehens liefen die Kabel der Mikrophone im Mischpult von Hochet zusammen, so daß er regeln konnte, was von der Bühne an die Tonkabine weitergeleitet wurde. Dabei kam es vor allem darauf an, eine Überlagerung des Orchesterklangs und der einzeln aufgenommenen Stimmen zu vermeiden oder wenigstens zu reduzieren. Nicht selten wurde das Dekor in seinen von der Kamera jeweils ausgesparten Teilen erweitert um spezielle Aufbauten zur Abschirmung der Mikrophone. Eine eigene Lösung verlangte die Szene, in der der Tenor durch das Telephon zu hören ist. Da man keine synthetisch modulierte ›Telephonstimme‹ verwenden wollte, blieb als Ausweg nur der Aufbau einer provisorischen Zelle auf der Bühne, durch die der Klang entsprechend gedämpft werden, der Sänger aber immer noch den Dirigenten oder einen der Korrepetitoren sehen konnte. Um alle Stimmen, Instrumente und Apparate zu koordinieren, wurde jeweils zu Beginn der Aufnahme eine komplizierte Folge von Kommandos und Zeichen (bis hin zur traditionellen Klappe) ausgetauscht, bis der Dirigent schließlich den Einsatz geben konnte. So folgten die Dreharbeiten, in der Gleichzeitigkeit von szenischer Aktion, musikalischer Interpretation und technischer Registrierung einem ebenso wie von der Partitur so auch von den Apparaten bedingten Rhythmus der Aufnahme. Fixiert wurde damit die im Licht der Scheinwerfer und über die akustischen Monitore der Mischpulte ausgestellte, höchsten Anforderungen an Wiederholbarkeit und Verbesserung ausgesetzte ›Testleistung‹ von Sängern,

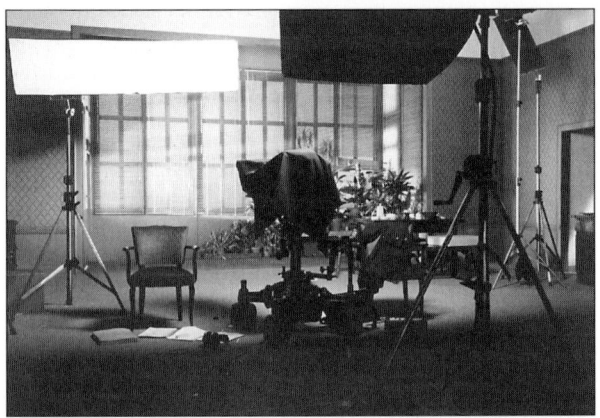

Dirigent und Orchester. Die fertige Schnittfassung des Films ist jedoch mehr und etwas ganz anderes als eine Opernaufzeichnung im üblichen Sinn mit Playback und nachträglicher Synchronisierung. Statt dessen gibt es einen von eigenen Gesetzen geprägten Film, in dem der Ton eine auch auf technischem Wege gleichberechtigte Rolle spielt, und zwar *Mono*. Durch den Verzicht auf die ›Räumlichkeit‹ des Stereoeffekts oder gar des verbreiteten Dolby-Surround-Systems, das den Zuhörer betäubt und die Wiedergabe des Klangspektrums eher verflacht, ist nun der von Schönberg in dieser Musik mit zwölf Tönen komponierte Raum um so klarer zu hören.

Sichtbarkeit des Unheimlichen

Das Heimliche ist nicht etwa Gegenteil des Unheimlichen, sondern dessen Voraussetzung und erste Erscheinungsform. Diese von der ›schwarzen‹ Romantik wie auch von der Psychoanalyse reflektierte Dialektik des Heimes als des Ortes, an dem die Verborgenheit des Privaten umschlagen kann in katastrophale oder utopische Formen von Öffentlichkeit, liegt auch der Oper *Von heute auf morgen* zugrunde. Der Film von Huillet/Straub bringt nun buchstäblich ans Licht, was in die mikrologischen Reihen- und Verweisstrukturen der Musik von Schönberg eingewoben ist – eine Erfahrung des verdrängten, der Oberfläche des Alltags jedoch anhaftenden Schreckens im Leben der »modernen Menschen«. Die Szene ist das schöne Heim, wie die Frau es als Ziel aller Wünsche besingt, die ihr Mann haben sollte: »Was willst du noch mehr? Hast ein schönes Heim und ein liebes Kind und ein Weib, das dich liebt …«. Durch ihre Verwandlungen erreicht die Frau, daß der Mann sich bald gerade nach diesem *kleinen Glück* zurücksehnt, gegen das die verderblichen Einflüsse der Außenwelt machtlos bleiben. Nahegelegt scheint mit der Fixierung auf die häusliche Sphäre tatsächlich, was dem Text immer wieder vorgeworfen wurde: die Beschränkung auf eine banale Psychologie des bürgerlichen Familienwesens. Gerade in diesem auch für eine detailliertere Analyse des Filmes heiklen Punkt kommt es jedoch auf eine genaue Lektüre des Textes an, zeigen sich doch bis zuletzt Brüche und Ambivalenzen, die der Moral eines selbstgenügsamen, von allen Moden abgewandten Lebens im Weg stehen und die scheinbare Gewißheit des heimlichen, im deutschen Wohnzimmer verborgenen Glücks aushöhlen.

Die Oper ist durchzogen von Erscheinungen, die in ihrer Alltäglichkeit gespenstische Züge annehmen. Subtiler noch als in Alban Bergs Oper *Lulu*, wo das Haus des Zeitungsverlegers Dr. Schön bevölkert ist von den zwielichtigen Bekanntschaften und Liebhabern seiner neuen Frau, erweist sich in *Von heute auf morgen* das Heimliche *als* das Unheimliche – in den Korrespon-

35

35

35

118

denzen zwischen Dialog und Komposition, besonders in der Vielzahl fremder und doch in den szenischen Ablauf eingebundener Geräusche. So ist etwa das Auftreten des Gasmanns nichts als ein Klingeln, auf das hin der Mann zur Tür geht. »Sichtlich irritiert« kommt er zurück und erzählt von diesem Erlebnis, zum Ärger der Frau, die sich nach ihrer ersten Verwandlung noch weiter schmücken will: »*Mann*: Er kommt mit der Rechnung! Ich gab dir neulich schon das Geld! *Frau*: Ja, ich weiß; aber mein Lieber, du glaubst doch nicht, daß ich das Geld noch habe! (*mit Schmelz*) Komm, ich werde dir zeigen, was für prachtvolle Dinge ich mir dafür gekauft habe, nur um dir zu gefallen! ... Dir allein. Hörst du, was ich sage? *Mann* (*hilflos*): Aber, was soll ich ihm jetzt sagen?« Mehr noch als seine Klage über die angebrannte Milch führt der Bericht vom Gasmann die Verwirrtheit des Mannes vor. Mit der Meldung, daß jener schließlich fortgegangen sei, könnte der Einfall abgetan sein, wenn nicht die Frau später am Frühstückstisch »die bezahlte Gasrechnung« präsentieren würde. Ihre zusätzliche Erklärung, daß die Kleider (ausgerechnet) von der Schwester des Mannes stammten, vergrößert nur das Rätsel, wieso der Gasmann mitten in der Nacht erneute Zahlung hätte verlangen sollen. Weniger jedoch auf die Gestalt und ihre kausale Funktion als auf ein die Handlungslogik störendes Moment kommt es an, mit dem sich das Gefühl einer immer noch ausstehenden ›Schuld‹ verselbständigt. Beherrscht wird das Geschehen ohnehin vom Kleiderschrank. Von der Maserung seines Holzes fallen medusenhafte Blicke auf die Szene, und wenn die Frau den Bericht vom Gasmann zurückweist und vor dem Schrank mit den fremden Kleidern tanzt, wird hinter ihr eine Galerie verschiedener, drohend sich aufrichtender Schatten sichtbar. Die Nacht als Übergang *zwischen* heute und morgen gebiert Monster, nicht aus mythischen Tiefen, sondern aus dem Schimmern der Oberfläche. Von dem Augenblick an, da sich mit der Verwandlung der Frau die geheimsten Wünsche des Mannes zu erfüllen scheinen, kippt die bürgerliche Realität in eine Schieflage, in der die banalsten Dinge dämonische Macht annehmen. Diese Eigendynamik beginnt auf der Ebene des Akustischen: oft ist das Intermittieren fremder Geräusche kompositorisch vorbereitet, etwa in der Vorwegnahme des Klingelns durch den Einsatz des Flexatons im Orchester. Dadurch wird die Kausalität der Störung umgekehrt, der szenische ›Anlaß‹ ist bereits Echo musikalischer Ereignisse.

Diese Ökonomie der Unterbrechung und der unheimlichen, irritierenden Korrespondenzen wird im Film sichtbar. Dabei ist der – im Hinblick auf die Musik schon von Adorno und Eisler betonte – Eindruck des *Gespenstischen* nicht nur ein Effekt des Dargestellten, einer unheimlichen oder unheimlich aufgemachten Situation, sondern eine prinzipiellere Entsetzung des Geschehens auf allen Ebenen der Darstellung. Im Film *Von heute auf morgen* ist die

Atmosphäre des Heimes aufgeladen von einer Spannung innerhalb des Sichtbaren, die mit der jähen und gewaltsamen Dynamik der Musik zusammentrifft, ohne sie abzubilden oder zu verdoppeln. Das Kalkül einer harten Kontrastierung tonaler und rhythmischer Stimmungen findet Entsprechungen in der Arbeit mit präzise begrenzten direkten und indirekten Lichtquellen. Auch in diesem Punkt erinnert der Film (wie es hier nur anzudeuten ist) an die Werke von Carl Theodor Dreyer. Mit scharfen Konturen treten die Schatten der Sänger hervor und führen ein Eigenleben als entstellte Körperformen und Profile. Vexierbildern gleich wandern diese Schattenrisse auf Tapete, Möbeln und Fußboden, *singende Schatten* in der Landschaft des Dekors. Ihr Erscheinen und Verschwinden begleitet den Rhythmus der Einstellungen, deren Kamerapositionen und Bildausschnitte vielfach einander zitieren, ein Geflecht von Parallelen und Verweisungen ergeben. Dabei wird zugleich die Abfolge der dramatischen Dialoge aufgesprengt: die Einstellungen wechseln der musikalischen Struktur folgend häufig mitten in der Rede, und die Kamera zeigt keineswegs nur den gerade Sprechenden/Singenden, sondern ebenso den jeweils anderen oder Teile des Dekors, wobei die Stimmen aus dem Off kommen. Dieses ›Außerhalb‹ des Bildes erweist sich als Hallraum, der plötzlich in die Szene des Wohnzimmers einbricht, die extrem verdichtete Einheit dieses Ortes und seiner Zeit immer wieder erschüttert. Anstatt in einer Ganzheit psychologisch gestalteter Charaktere aufzugehen, spalten sich die Figuren in komponierte Echos und Nachbilder. Die Ablösung der Stimme vom sichtbaren Körper ist aber bereits in der Fabel angelegt: richtet sich doch das Begehren der Frau vor allem auf die »fremde Stimme« des Tenors, die sie gerade durchs Telephon zu faszinieren vermag. Was den phantasmatischen Wunsch nach Neuheit und Fremdheit auslöst, ist selbst schon abgetrenntes, partiales Objekt, das sich der Kontrolle und auch den moralischen Zwecken der Gemeinschaft entzieht. Damit einher geht die gesteigerte Bedeutung aller Gegenstände und Dinge im Raum, die zu Mitspielern werden und eine der kompositorischen Technik der Oper verwandte Funktion von Leitmotiven behaupten.

Die Abfolge der Einstellungen ist derart konzentriert, daß schockhafte Eindrücke einzelner Momente der szenischen und musikalischen Bewegung sich an die Gegenstände des Raumes, an Lampen, Möbel und Pflanzen anheften und mit deren erneutem Auftauchen in späteren Szenen wiederkehren. So bleiben die beiden Sessel in der Mitte des Raumes lange Bezugspunkt für die Blickrichtung der Kamera, auch wenn ihr Standpunkt von der linken zur rechten Seite der Bühne wechselt. Die Frau sitzt immer im linken, der Mann immer im rechten Sessel, auf den er gleich nach Betreten des Raumes zugeht und von dem aus er die Veränderungen seiner Frau bestaunt. Von ihrer Verwandlung an nimmt sie ständig neue Positionen ein, die seinen Blick auf sich ziehen. Die Kamera und damit der Betrachter des Films sieht sie aber aus einer anderen Perspektive, die die Einfühlung in die Rolle des aufs neue »entzückten Verehrers« verwehrt. Während des Tanzes der Frau zeigt der Film sogar nur den Sessel, auf dem sie gesessen hatte und zu dem sie am Ende der Einstellung aus dem Off zurückkehren wird. Der Betrachter ist jedoch keineswegs vom Tanz ausgeschlossen – im Gegenteil entsteht mit der Musik und der nun erstmals deutlich zu sehenden, ebenso wie die Tapete rautenförmig gemusterten Oberfläche des Sessels der Raum, in dem sich der Tanz in viel weiter gehender Form verwirklichen kann. In der Phantasie nämlich, in der sich offenen Auges das Erotische mit dem Heiligen verbindet – im Schrecken einer Abwesenheit, die nicht leer, sondern Anwesenheit eines *bestimmten* Mangels ist. Indem einzelne Gegenstände nah zu sehen sind oder die Kamera noch einige Zeit lang auf der Stelle verharrt, wo die Akteure zu sehen waren, wird ein Raum konstruiert, der die zwischen Musik und Text schwebende Spannung auszuhalten zwingt, mitunter noch steigert.

Die formalen Mittel des Films entfalten eine eigene Logik und Struktur, wie es auch die Sequenz verdeutlicht, die dem Tanz vorangeht. Das vom Mann eilig herbeigeholte Tablett mit zwei Gläsern und einer Bierflasche füllt den ganzen Bildausschnitt. Um so deutlicher tritt, als die Frau die Flasche wütend anhebt und mit den Worten »Was! Bier? Ja will ich denn schuhplatteln?« laut wieder aufsetzt, ein darin eingeprägter Davidsstern hervor. Dieser nur für einen Augenblick zu sehende Stern markiert deutlich genug die für den Film zentrale Voraussetzung, daß das gezeigte Ehepaar zu jenem in der deutschen Kultur assimilierten Judentum gehört, das sich angesichts von Bedrohung und Verfolgung zu spät und ohnmächtig auf seine Traditionen zurückwandte. Jedenfalls ist die etwa gleichzeitig mit Schönbergs Arbeit an *Moses und Aron* entstandene Oper *Von heute auf morgen* nicht nur vor dem Hintergrund der drohenden Wirtschaftskrise und eines bereits in Vorbereitung befindlichen Weltkrieges zu denken. Darüberhinaus steht sie im Zusammenhang von Schönbergs Rückkehr zu einem lange Zeit vernachlässigten jüdischen Glauben angesichts zunehmender antisemitischer Ausschreitungen.[9] Wie Straub es lakonisch bestätigt hat, legt schon das Radiogerät nahe, wann in etwa der Film spielt: »Ungefähr die Zeit vom Goebbels.«[10] Jener Briefwechsel mit Kandinsky, worin Schönberg 1923 auf die kurz zuvor im österreichischen Mattsee erfahrene Diskriminierung zurückblickend jede Verharmlosung der Gefahr anklagt, ist bereits im ersten Schönberg-Film von Huillet/Straub *Einleitung zu Arnold Schoenbergs Begleitmusik zu einer Lichtspielscene* vorgelesen worden, in der Tonkabine eines Rundfunkstudios. Der neue Film nimmt also eine Spur auf, die sich nicht nur durch Leben und Werk Schön-

47

57

62

bergs zieht, sondern ebenso durch die Arbeit der beiden Filmemacher. Entscheidend ist aber, daß das Problem des Jüdischen gerade in seiner Verdrängung in den Vordergrund rückt, *flüchtig* und als ein von den Protagonisten unbeachtetes, statt dessen dem Blick des Betrachters ausgesetztes, aufgegebenes Zeichen. Ähnlich prägt sich auch der Mantel des Mannes ein, der ihn nach der Verwandlung der Frau über die Lehne seines Sessels geworfen hatte. So hat das Kleidungsstück alles mitangesehen und scheint plötzlich (wie es beim Anschauen der stummen Bildmuster einmal spaßeshalber bemerkt wurde) zu *weinen*. Die Gegenstände ›wissen‹ jedenfalls mehr als die dargestellten Figuren, zeugen im Nachhinein – allegorisch und testamentarisch – von einer verborgenen, katastrophalen Wahrheit. Was dagegen steht, ist allein die Kraft der Liebe als einer mystischen Erfahrung, die der Film als Kehrseite der vermeintlich banalen Handlung dieser Oper vorführt. Das Durchwachen der Nacht ist eine notwendige, keineswegs zufällige Bedingung des Geschehens. Auf dem Höhepunkt seiner Verzweiflung, befangen im Spiel der eigenen Phantasmen, fällt der Ehemann – wie zum Gebet in der Erfahrung tiefster Verlassenheit – flehend aufs Knie: »Jetzt seh ich, daß ich unglücklich bin; denn mein Glück warst du, so wie du früher warst. [...] Ich will meine Frau wieder! Wo bist du? Wo bist du? Habe ich dich verloren?« Auch wenn die Frau verspricht, wieder ihre alte Gestalt anzunehmen, und sich nicht einer temporären Mode der »Verruchtheit« zu beugen, bleibt die Bedrohung immer noch gegenwärtig. Geht sie doch vom Spiel selbst und von seiner mitreißenden Faszinationskraft aus: »*Mann (besorgt)*: ... doch du hast nur gespielt. *Frau*: Ein gefährliches Spiel! *Mann*: Ich fürchtete, es zu verlieren. *Frau*: Schlimmer: ich fürchtete, es zu gewinnen; denn die Rolle, die ich spielte, riß mich mit sich.« Darin wird sie ihm unheimlich, daß sie auch nach ihrer Rückverwandlung zur Hausfrau jene Faszination durch die »fremde Stimme« nicht völlig preisgeben will: »Etwas Ernst ist immer dabei.« Die Szene konzentriert das Pathos der Oper, drängt sie zugleich an den Rand des Komischen, wenn der Mann räsoniert, ob denn auch das mit dem Sänger *ernst* gewesen sei. Was das von der Frau bemerkte Anbrechen des neuen Tages eröffnet, ist aber keineswegs ein ›Happy End‹, wie es oberflächliche Kritiken und Kommentare zu Schönbergs Oper immer wieder festschreiben wollten.

Mag die Gemeinschaft dieser Familie auch vorerst gerettet sein – es bleibt doch mit dem Rätsel um den Gasmann und vor allem mit der abschließenden Konfrontation der beiden Paare die *Hölle* dieses Bürgertums gegenwärtig. In diesem Quartett steigern sich Musik und Film wechselseitig zu einem martialischen Tempo, das den Sängern und auch den Zuschauern des Films kaum mehr Atem zu holen erlaubt. Bis dahin konnten eindringlich die Lichter und Schatten an den Wänden des Innenraums als Zeichen aller Wünsche, Ängste und Visionen erscheinen. Nun aber ist mit dem Eintritt der nächtlichen Phantasmen in die Wirklichkeit die Szene völlig verwandelt. Die Position der Kamera hat sich von den Rändern des Dekors zur Mitte hin verlagert, so daß die Veranda, der hintere Bereich des Raumes näher zu sehen ist, wie vom ersten Sonnenstrahl durchflutet. Als eher harmlose Tagesgespenster haben die Gestalten der schönen Freundin und des berühmten Tenors ihre Macht über die Eheleute eingebüßt. So gerät das doppelte Duell im Morgenlicht zu einer Art mechanischem Ballett, in dem sich die Streitenden abwechselnd und in einem genau festgelegten Rhythmus einander zu und wieder nach vorne zur Kamera wenden. Das hat bei aller extremen Spannung dieses Schlagabtausches etwas im besten Sinn Enttäuschendes, Nüchternes. Geht es doch längst nicht mehr um den Konflikt zwischen einer bürgerlichen Moral der Ehe und einer Freiheit des »eigenen Lebens«. Nachdem *beide* Positionen in ihrer Hohlheit und Phrasenhaftigkeit kenntlich und brüchig geworden sind, entfesselt sich plötzlich der Kampf zwischen den Zitaten, Klischees und Versatzstücken, die einander immer ähnlicher werden, wie verirrte Kugeln nicht mehr zwischen Freund und Feind unterscheiden. Die letzte Volte der ungebetenen Gäste macht diese Angleichung vollends deutlich – was eigentlich an sie selbst gerichtet sein könnte, hält die Freundin den Eheleuten vor: »Ihr aber seid verblaßte Theaterfiguren!« Schönbergs Regieanweisungen lassen auf diese *Verwünschung* bereits das Frühstück folgen, der Schluß der Oper wäre das Morgenmahl, zwischen Kaffee und Marmelade schon wieder der Übergang ins Leben, in den wiedergewonnenen Alltag der Familie.

Nicht ganz so im Film von Huillet/Straub. Hier antwortet die Frau eher zögernd, den Blick einen Moment lang zu Boden gesenkt. Dadurch bekommt auch ihre Erwiderung, mit der sie dem Vorwurf ja zunächst zustimmt, ein eigenes Gewicht: »Wir vielleicht schon verblaßte, sie heute noch in beliebten Farben strahlende Theaterfiguren. Aber noch ein Unterschied: Regie führt bei ihnen die Mode; bei uns jedoch … sind sie schon weg …? dann wag ich's zu sagen: die Liebe … *Mann:* Und dabei finde ich sie heute schon nicht einmal mehr ganz modern! *Frau:* Das ändert sich eben von heute auf morgen.« Während mit diesen eher gesprochenen als gesungenen Sätzen und mit der Frage des Kindes nach den »modernen Menschen« die Oper ausklingt, erstarrt die Szene zum Tableau: das Kind und der Mann am Tisch sitzend, die Frau hinter ihm aufrecht stehend, an der Wand ihr stolzer Schatten. Die triumphierende Haltung der Hausfrau als Mänade läßt ahnen, daß die theatergeschichtlichen Wurzeln dieser Szene weiter zurückreichen als nur bis zum bürgerlichen Trauerspiel des 18. Jahrhunderts, das in familienportraitartigen Schlußbildern zumeist die Restitution des Hausvaters feiern wollte. Erhellend in diesem Zusammenhang ist Straubs Bemerkung, daß der Raum in *Von heute auf morgen* behandelt werde wie in einer griechischen Tragödie.[11] War diese doch im Unterschied zu den profanen, mitunter beliebigen Raumentwürfen späterer Theaterepochen (und vor allem gegenwärtiger Filmproduktion) an einen ganz bestimmten Ort gebunden, der das Spiel mit einer Entsetzung des Heiligen als Vollzug ermöglichte und forderte. Auch Schönbergs Musik nähert sich dem Charakter tragischer Stichomythien, einer harten und jedes Wort schärfenden Redegewalt. Möglich, daß der Zwiespalt zwischen scheinbar banalem Geschehen und einer die Abgründe des Textes aufreißenden Musik die Unverwertbarkeit des Werkes für den Spielbetrieb der Nachkriegszeit bewirkt hat. Sicher, daß im Film die Spannung zwischen den Extremen produktiv gemacht worden ist, gerade indem die Anstrengung des Singens sichtbar bleibt. Zum Vorschein kommt jedenfalls das von Schönberg entworfene Musik-*Theater* in seiner schockhaften und zugleich komischen Intensität. Es geht damit um ein Erwachen, eine Phantasie jenseits der Illusionen und Träume. Schon 1923, im ersten der beiden erwähnten Briefe an Kandinsky, hat Schönberg das auf den Punkt gebracht: »Vielleicht wird eine spätere Generation wieder imstande sein zu träumen. Ich wünsche das weder für sie, noch für mich. Ja im Gegenteil, ich gäbe viel darum, wenn es mir vergönnt wäre, ein Erwachen herbeizuführen.«[12]

1 Vgl. Arnold Schönberg: *Werke*, III, B, 7/1, hg. von G. Neuwirth. Mainz 1972, S. 15.

2 Herbert Graf zur Uraufführung der Oper, in: *Frankfurter Zeitung*, 3. 2. 1930.

3 Schönberg, Brief an Heinrich Jalowetz (18. 4. 1929), in: *Werke*, a. a. O., S. 20.

4 Ders., Brief an Hans Steinberg (1. 10. 1929), in: *Werke*, a. a. O., S. 21f.

5 Theodor W. Adorno: *Gesammelte Schriften*, Bd. 18, hg. von Rolf Tiedemann und Klaus Schultz. Frankfurt 1984, S. 377.

6 Hanns Eisler: *Materialien zu einer Dialektik der Musik*. Leipzig 1973, S. 232 und S. 109f.

7 Arnold Schönberg, Danièle Huillet, Jean-Marie Straub: *Du jour au lendemain / Von heute auf morgen*. Toulouse 1997, S. 11 (Übersetzung des Zitats vom Verfasser).

8 Schönberg, Brief an Steinberg, a. a. O., S. 21.

9 Vgl. dazu Ernst Mäckelmann: *Arnold Schönberg und das Judentum*. Hamburg 1984.

10 Siehe das Gespräch von Robert Bramkamp mit Huillet/Straub im vorliegenden Band.

11 In der Fernsehdokumentation *Eheverhältnisse* von Martina Müller, WDR 1997.

12 Schönberg: *Briefe*, ausgewählt und herausgegeben von Erwin Stein. Mainz 1958, S. 90.

32A Die Frau tanzt.

40 Der Gasmann…

47 Der Mantel weint.